L'orientation marché :

nouvelle méthode, nouveaux outils

Éditions d'Organisation
1, rue Thénard
75240 Paris Cedex 05

Consultez notre site :
www.editions-organisation.com

© Éditions d'Organisation, 2005
ISBN : 2-7081-3234-2

David GOTTELAND

L'orientation marché :

nouvelle méthode, nouveaux outils

Éditions
d'Organisation

À Gabrielle

L'auteur tient à remercier toutes celles et tous ceux qui ont contribué, de près ou de loin, parfois en l'ignorant, à la rédaction de cet ouvrage. Par ordre alphabétique : Benoît Aubert (Grenoble École de management), Philippe Aurier (université Montpellier II), Jean-Marie Boulé (Grenoble École de management), Gérard Cliquet (université Rennes I), Hubert Gatignon (INSEAD), Marie-Laure Gavard-Perret (ENSGI), Alain Jolibert (université Pierre Mendès-France), Daniel Ray (Grenoble École de management), l'ensemble des chefs de produits et des directeurs commerciaux ou marketing avec qui nous avons travaillé, les documentalistes de l'École Supérieure des Affaires de Grenoble (université Pierre Mendès-France) et de Grenoble École de management, l'équipe de « recherche marketing » du CERAG-UMR 5820 du CNRS.

Sommaire

Chapitre 3
Comment mesurer le degré d'orientation marché d'une organisation ?

Chapitre 4
Comment implémenter l'orientation marché dans une organisation ?

Conclusion
Les messages clés

Bibliographie

Table des figures et tableaux

Avant-propos

par Hubert Gatignon
Chaire Claude Janssen d'administration des affaires
Professeur de marketing à l'INSEAD
Directeur de recherche de l'Alliance INSEAD-Wharton

L'orientation marché est un concept primordial pour la pratique du marketing, tout spécialement dans le contexte actuel. En effet, il ne suffit plus pour une entreprise d'être proche du client. L'organisation doit également épier la concurrence et être capable d'intégrer les informations sur l'évolution des besoins clients et les développements de la concurrence pour adapter rapidement ses stratégies marketing. Dans la perspective de l'orientation marché telle que conçue par David Gotteland, les changements technologiques et l'importance de l'innovation ne sont pas négligés : les orientations diverses de l'organisation qui définissent sa culture sont intégrées, ce qui est indispensable pour prendre en compte la stratégie de l'entreprise qui ne peut être morcelée en composants fonctionnels. Cet ouvrage doit faire partie des connaissances indispensables à tout responsable marketing mais aussi à tout responsable de la politique générale de l'entreprise.

Ce livre présente non seulement une revue complète et précise de la littérature académique sur ce sujet, mais il offre également une perspective concrète sur ce que l'orientation marché apporte à l'entreprise et sur la mise en place et le développement d'une telle orientation. En effet, le livre décrit avec le niveau de détail optimal les mesures qui doivent servir de base pour le diagnostic et l'évaluation de l'entreprise sur son niveau d'orientation marché dans ses diverses composantes. Le dernier chapitre entre également dans le cœur du problème du gestionnaire qui souhaite changer la culture de l'entreprise dans une direction plus orientée vers le marché. Ces parties du livre sont donc concrètes, pratiques et ne s'éternisent pas dans des discours compliqués et sans degré de généralisation.

Le chapitre dédié à l'analyse des conséquences d'une orientation marché est particulièrement intéressant. Il synthétise un grand nombre d'études effectuées de par le monde pour établir un tableau concis et clair de ses conséquences. En outre, la synthèse est enrichie par la décomposition des effets de l'orientation marché afin d'obtenir une meilleure compréhension du phénomène en répondant aux questions du pourquoi et du comment. Une partie significative du livre concerne le rôle joué par le développement de produits nouveaux et les innovations technologiques. Ces éléments essentiels de la stratégie de l'entreprise pour sa propre survie prennent la place primordiale qui doit lui être réservée dans le marketing moderne.

Mais ce qui me semble tout à fait remarquable et critique, c'est l'approche particulière de David Gotteland qui met en avant la nécessité de s'adapter aux conditions dans lesquelles se trouve l'entreprise. Cela passe par une compréhension des facteurs qui modèrent les effets d'une orientation marché, ce qui permet alors de conclure sur des questions plus pragmatiques comme quand ou pourquoi marche-t-il mieux ? Chacun de ces thèmes logiquement organisés par chapitres est abordé de manière précise, complète et opérationnelle. Il ne s'agit donc pas de spéculations qui promettent fortune au lecteur. Cet ouvrage présente et discute l'état des connaissances scientifiques d'un aspect fondamental de la gestion marketing tout aussi bien au service du gestionnaire souhaitant approfondir ses connaissances que pour l'étudiant, sans avoir à parcourir les nombreux articles publiés sur ce sujet. David Gotteland écrit de manière facile à lire avec la précision scientifique d'un académique. *L'orientation marché : nouvelle méthode, nouveaux outils* donne une leçon de ce qu'est le marketing moderne tel qu'il doit être mis en œuvre dans nos sociétés complexes où la rapidité des réactions des comportements des acheteurs, des distributeurs ou des concurrents nécessite la maîtrise des informations entre ces divers acteurs économiques.

Préface

par Alain Jolibert
Professeur agrégé des universités
Directeur du collège des écoles doctorales
Université Pierre Mendès-France de Grenoble

Il ne peut y avoir de marketing sans marché. Ce livre sur l'orientation marché traite du cœur des métiers du marketing. Il devrait donc susciter l'attention de tous ceux qui s'intéressent ou pratiquent le marketing. Cela étant, devant le très grand nombre de lectures disponibles sur le marketing, quels arguments inciteront le lecteur à s'intéresser à cet ouvrage plutôt qu'à un autre ?

Tout d'abord parce que le concept de marché y est traité dans une acception large. Traditionnellement, l'ensemble des définitions du marché sont centrées principalement sur l'offre (le produit) et sur la demande (le consommateur). David Gotteland choisit dans cet ouvrage de le traiter de façon beaucoup plus globale en s'intéressant aux différents acteurs du marché que sont les consommateurs, les concurrents, la technologie, les distributeurs et les fournisseurs. Ce choix plus complet et plus séduisant est très rarement utilisé en dépit de son intérêt potentiel.

Comme le souligne David Gotteland, l'orientation marché est ancienne, les premières réflexions sur le sujet remontant aux travaux de Drucker, Levitt et Keith dans les années 1950-1960. Paradoxalement, ce n'est que récemment qu'est apparu ce concept vital pour les entreprises dont l'importance était soulignée à cette époque. En fait, le concept n'était pas utilisé en tant que tel. Si l'on reprend les textes de cette époque, le concept d'orientation marché est sous jacent à divers développements sur le marketing sans qu'il ne soit ni clairement identifié ni présenté dans sa globalité. C'est ainsi que l'on retrouve la notion d'atmosphère d'entreprise, les préoccupations de la création d'un service « études marketing » et son rattachement à un échelon élevé de l'organisation de l'entreprise… L'intérêt de cet ouvrage est de présenter clairement le concept d'orientation marché, de montrer comment il se mesure et d'en souligner les impacts sur la performance de l'entreprise.

Les ouvrages sur le marketing traitent peu de la composante organisationnelle. Il en est ainsi souvent des différents champs de la gestion qui sont peu portés à s'intéresser aux différentes interfaces de ces champs. L'orientation marché est un concept dont les ramifications vers l'organisation de l'entreprise sont particulièrement importantes. Levitt (1962) soulignait déjà « *l'importance d'une meilleure organisation interne des entreprises qui pourraient alors répondre plus efficacement aux changements constants de besoins et de valeurs observés dans leur clientèle* ». À ce titre, l'ouvrage de David Gotteland aborde ce point en profondeur, ce qui est tout à fait novateur.

Finalement, le chercheur en marketing appréciera les développements méthodologiques utilisés lors de la mise au point d'une échelle originale de mesure de l'orientation marché en entreprises. Celle-ci est caractérisée par sa robustesse. Les excellents tests de fiabilité et de validité effectués devraient encourager son utilisation dans les entreprises.

Espérons que cet ouvrage constituera, pour ceux qui utiliseront ses préconisations, la différence qui fera boule-de-neige à l'heure des bénéfices.

Introduction

L'importance
du concept d'orientation marché

Dire que la compréhension des attentes et des comportements des consommateurs conditionne la performance commerciale et financière de l'entreprise est devenu banal. Ce principe guide aujourd'hui la très grande majorité des politiques marketing, et il est largement répandu et enseigné. Rares sont aujourd'hui les organisations, privées ou publiques, qui n'ont pas placé le consommateur au cœur de leurs processus marketing et qui n'utilisent pas au moins quelques-unes des méthodes et des techniques d'écoute clients. Rares sont aujourd'hui les formations supérieures qui ne proposent pas un cours consacré à l'étude de marché ou à la satisfaction des consommateurs. Dès lors, face à cette large diffusion, **comment la compréhension et la satisfaction du consommateur peuvent-elles encore suffire pour garantir des avantages concurrentiels durables et défendables**, et donc la performance ?

Par ailleurs, **les consommateurs**, s'ils restent centraux, **ne sont plus aujourd'hui les seuls acteurs du marché à peser sur le fonctionnement et sur la performance** commerciale et financière d'une organisation. Le pouvoir croissant des distributeurs[1] et, pour certains secteurs, des fournisseurs, impose que ceux-ci influencent les politiques marketing de l'entreprise. Par ailleurs, l'évolution rapide et constante de la technologie, ainsi que la forte intensité concurrentielle internationale pèsent sur la rapidité d'obsolescence des innovations produits et sur le raccourcissement de leurs cycles de vie. Identifier les nouvelles technologies émergentes, et les intégrer dans les processus marketing, devient ainsi impératif pour garantir le développement de nouveaux avantages concurrentiels[2].

Dans ce double contexte, une métamorphose doit être réalisée : substituer à la notion et à la pratique largement répandues d'orientation clients celles **d'orientation marché**, qu'elles intègrent. La figure 1 présentée ci-après résume cet impératif.

L'intérêt du concept d'orientation marché ne se limite pas à ses seuls avantages **opérationnels**, évoqués précédemment, mais est également lié à sa portée **théorique**. L'orientation marché peut ainsi être définie comme la mise en œuvre dans une organisation de l'état d'esprit, aussi appelé philosophie, marketing. En ce sens, le concept porte sur la nature même de ce qu'est le marketing, puisqu'il est devenu habituel d'en distinguer trois dimensions : une dimension analytique – la compréhension des marchés – une dimension opérationnelle – la conquête des marchés – et une dimension philosophique – celle qui nous intéresse ici, un état d'esprit qui considère la compréhension et la satisfaction des marchés comme les principaux déterminants de la performance d'une organisation. **S'interroger sur l'orientation marché et**

---

1. Plusieurs facteurs expliquent la montée en puissances des distributeurs : le mouvement de concentration de la grande distribution, la puissance des centrales d'achat, les stratégies de segmentation fines, l'apparition des *hard discounters* et l'internationalisation rapide des grands distributeurs (d'après Lambin, 2002).
2. Trente-six entreprises ont ainsi dépensé en 1998 plus d'un milliard de dollars par an en dépenses de R & D, ce qui représente entre 3,7 % (TOYOTA et NTT) et 16,9 % de leur chiffre d'affaires (MICROSOFT) (*in* Lambin, 2002).

**Figure 1. Evolution du concept d'orientation marché
(d'après Lambin, 2002)**

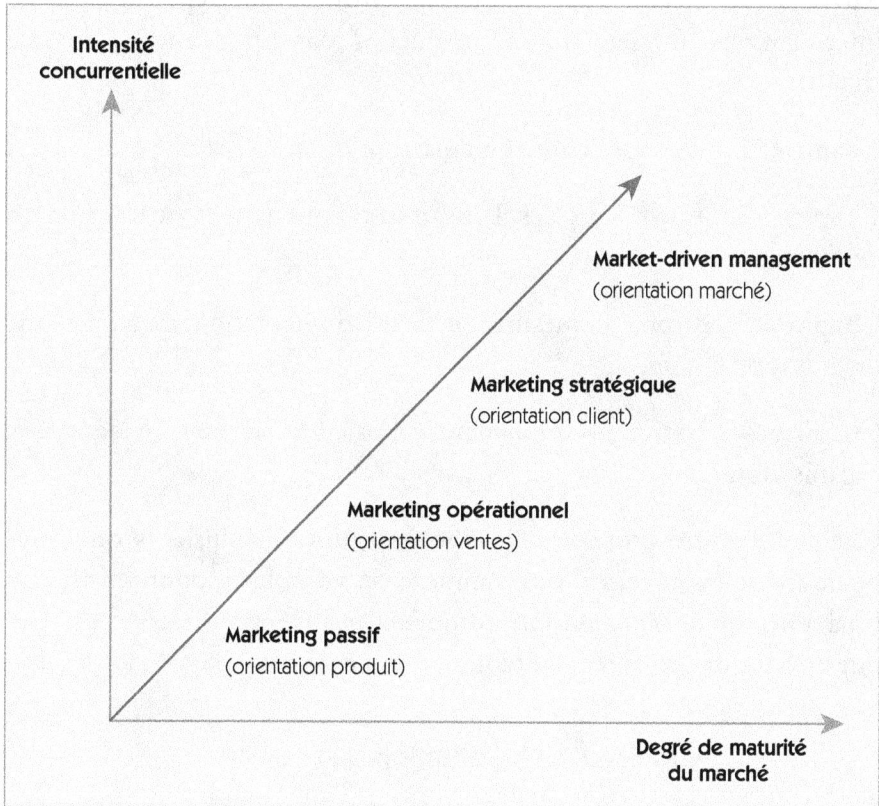

sur son impact sur la performance d'une organisation, c'est donc **questionner l'effet de la mise en œuvre du marketing sur la performance.** Est-il réel ? Sous quelles conditions est-il optimisé ?

L'orientation marché est par conséquent un concept central pour le marketing, aussi bien d'un point de vue opérationnel que plus théorique. Celui-ci a été étudié de manière approfondie à partir de 1990, date de la publication conjointe de deux études qui en appelleront beaucoup d'autres. Une quinzaine d'années de recherche, et sa mise en œuvre dans plusieurs organisations, françaises et étrangères, permettent aujourd'hui de beaucoup mieux connaître son intérêt opérationnel, et de mieux maîtriser les conditions et la méthodologie de sa mise en œuvre. Dans ce contexte, cet ouvrage propose une réponse à quatre interrogations fondamentales auxquelles correspondent autant de chapitres :

Chapitre 1 : qu'est-ce qu'une organisation orientée marché ?

Chapitre 2 : quels sont les liens entre l'orientation marché et la performance ?

Chapitre 3 : comment mesurer le degré d'orientation marché d'une organisation ?

Chapitre 4 : comment implémenter l'orientation marché dans une organisation ?

Chaque chapitre propose une réponse à une ou plusieurs questions opérationnelles précises, qui viennent se compléter pour former au final une opérationnalisation complète et intégrée du concept. Ces questions sont présentées au tableau 1 ci-dessous :

Tableau 1. Organisation de l'ouvrage

Chapitre	Phase	Questions opérationnelles abordées
1	① Phase de **diagnostic**	• Quelle **culture** doit développer une organisation qui veut être davantage orientée marché ? • Quels **comportements** doit-elle favoriser ? • Quelles **caractéristiques** doit-elle posséder ?
2		• Quelles **conditions** doivent être respectées pour que plus d'orientation marché conduise à plus de performance ?
3		• Comment **mesurer et contrôler** le niveau d'orientation marché d'une organisation ?
4	② Phase de **mise en œuvre**	• Comment **implémenter** l'orientation marché dans une organisation ? Quelle méthode faut-il suivre ?

Trois niveaux de lecture sont par ailleurs proposés. Un premier niveau, **théorique**, présente une synthèse des connaissances scientifiques actuelles sur une question particulière. Leurs **implications opérationnelles** ne sont exposées que dans un second temps. Notre objectif est ainsi de proposer des connaissances valides, car testées auprès de nombreuses organisations, dont les caractéristiques sont représentatives de la diversité des acteurs et des contextes économiques. Enfin, des **exemples concrets** viennent illustrer la mise en œuvre d'une technique, la pertinence d'une recommandation ou simplement mieux expliquer une méthode. Nous espérons ainsi proposer des outils et des concepts fiables et éprouvés, et garantir ainsi leur efficacité. Proposer trois niveaux de lecture permet par ailleurs de destiner cet ouvrage à deux publics différents : à un public de managers, qui y trouveront un ensemble de concepts, de méthodes et d'outils aptes à accroître la performance de leurs décisions, et à un public plus académique, composé d'enseignants et d'étudiants, auxquels est proposée une synthèse des connaissances actuelles sur le concept d'orientation marché.

Notre expérience et notre connaissance du sujet, fondées sur notre travail avec plus d'une centaine de chefs de produit ou directeurs commerciaux, ainsi que sur son étude sur une période de plus de cinq ans, nous amèneront enfin à proposer en différentes occasions notre propre vision de l'orientation marché. Nous espérons ainsi trouver un équilibre entre les recommandations issues de la recherche académique et celles provenant de notre propre connaissance du thème.

Qu'est-ce qu'une organisation orientée marché ?

Le premier chapitre de cet ouvrage vise à répondre à une question simple : qu'est-ce qu'une organisation orientée marché[1] ? Proposer une définition du concept permettra de comprendre précisément de quoi l'on parle, de mettre en évidence sa différence avec celui « d'orientation clients », qu'il englobe, et de souligner sa pertinence, aussi bien opérationnelle que théorique. Plus précisément, trois questions trouveront une réponse :

▨ **Quelle est l'origine théorique du concept d'orientation marché ?** D'où vient-il ? Répondre à cette question permettra de mettre en évidence l'importance de la notion pour le marketing, aussi bien d'un point de vue opérationnel que plus théorique.

---

1. L'orientation marché est, comme le suggère la figure 1 présentée en introduction, une orientation organisationnelle parmi d'autres. Une organisation peut ainsi être également orientée « **production** ». Elle est dans ce cas focalisée sur l'efficacité de son système de production et sur la qualité de sa politique de distribution. Une organisation peut par ailleurs être orientée « **produit** ». Elle cherche dans ce cas à développer des produits supérieurs à ceux offerts par ses principaux concurrents. Une organisation peut être également orientée « **vente** ». Elle cherche dans ce cas à définir et à mettre en œuvre une politique de vente agressive, avec en particulier le recours symptomatique aux offres promotionnelles. Une organisation peut enfin être orientée « **actionnaires** ». Son objectif prioritaire est dans ce cas de les satisfaire.

▫ **Comment peut-on le définir ?** Que signifie « être orientée marché » pour une organisation ? D'un point de vue opérationnel, répondre à cette seconde interrogation permettra d'indiquer quelle culture doit développer et quels comportements doivent favoriser une organisation soucieuse d'accroître son niveau d'orientation marché. Cela conduira à détailler les objectifs qu'elle doit chercher à atteindre.

▫ **Quelles caractéristiques d'une organisation favorisent le développement de son niveau d'orientation marché ?** Répondre à cette dernière question permettra, en complément de son origine théorique, de souligner la provenance organisationnelle du concept. D'un point de vue opérationnel, cela conduira à mettre en évidence les leviers permettant d'accroître le niveau d'orientation marché d'une organisation.

Nous nous situons ici, comme l'illustre la figure ci-après, dans la première étape de l'opérationnalisation du concept.

Chapitre	Phase	Questions opérationnelles abordées
1	① Phase de **diagnostic**	• Quelle **culture** doit développer une organisation qui veut être davantage orientée marché ? • Quels **comportements** doit-elle favoriser ? • Quelles **caractéristiques** doit-elle posséder ?
2		• Quelles **conditions** doivent être respectées pour que plus d'orientation marché conduise à plus de performances ?
3		• Comment **mesurer et contrôler** le niveau d'orientation marché d'une organisation ?
4	② Phase de **mise en œuvre**	• Comment **implémenter** l'orientation marché dans une organisation ? Quelle méthode faut-il suivre ?

Quelle est l'origine théorique du concept d'orientation marché ?

Le concept d'orientation marché trouve son origine dans l'ensemble des réflexions menées sur ce qu'est l'état d'esprit marketing[1]. Ces réflexions sont anciennes. Elles remontent pour la plupart aux années 1950, la date exacte des premiers travaux pouvant varier de 1954, avec les recherches de Drucker, à 1960, avec celles de Levitt et de Keith[2]. Si la datation de l'origine varie, il y a au contraire consensus sur la définition de ce qu'est l'état d'esprit marketing. Citons-en deux parmi d'autres. Pour McCarthy et Perreault (1984), il désigne « *une philosophie qui postule que la profitabilité à long terme est davantage assurée en focalisant les activités de l'organisation sur la satisfaction des besoins des consommateurs* », et, pour Koschnick (1995), « *une philosophie managériale qui stipule que les activités d'une organisation doivent viser à satisfaire les besoins des consommateurs, et que cela est le meilleur moyen d'atteindre les objectifs fixés par l'organisation* ». Drucker propose une bonne illustration de ce qu'est l'état d'esprit marketing à travers l'exemple de la GENERAL ELECTRIC où une réorganisation de l'entreprise datant du début des années 1950 a conféré au département marketing l'autorité sur les départements design et production.

Si les réflexions sur ce qu'est l'état d'esprit marketing sont anciennes, il faut attendre le début des années 1990 pour que la recherche s'interroge sur son impact sur la performance de l'organisation, et ce malgré sa forte diffusion dans la plupart des entreprises, partout dans le monde, et sa large valorisation dans les formations commerciales. Cette

---

1. D'après Kohli et Jaworski (1990), Ruekert (1992), et Lafferty et Hult (2001). Le terme « état d'esprit marketing » est par ailleurs ici emprunté à Felton (1959). Il a pu être remplacé par celui de « concept marketing », de « philosophie » ou de « préoccupation ».
2. Certains chercheurs les font remonter à 1930 avec l'ouvrage de Converse où l'on trouve la recommandation suivante : « *le vendeur devrait étudier le consommateur, ses attentes et ses motivations […]. Le succès dans les affaires est fondé sur le fait de donner aux consommateurs ce qu'ils veulent, quand ils le veulent et au prix qu'ils sont prêts à accepter* » (cité par Wensley, 1995, p. 29-30).

insuffisance est palliée en 1990 par la publication simultanée de deux recherches. En avril, Kohli et Jaworski publient la première étude qui porte **sur la mise en œuvre** de l'état d'esprit marketing dans l'entreprise, en définissant de cette manière le concept « d'orientation marché ». Une organisation orientée marché est ainsi celle *« dont les actions sont* **conformes** *à l'état d'esprit marketing »*. De manière originale, ils proposent une définition rigoureuse du concept et développent un modèle théorique qui synthétise leurs propositions sur ce que sont les antécédents[1] et les conséquences de l'orientation marché, notamment en termes de performance. En octobre de la même année, Narver et Slater proposent quant à eux, pour la première fois également, une échelle de mesure fiable et valide du concept d'orientation marché. **L'impact de la mise en œuvre de l'état d'esprit marketing sur la performance d'une organisation était ainsi enfin testé et mesuré.** À partir de 1990, point de départ d'une activité de recherche abondante, les travaux sur l'orientation marché se multiplient. De nombreuses avancées sont obtenues au cours des années suivantes. Aucun consensus sur la définition de l'orientation marché n'apparaît pour autant.

Qu'est-ce qu'une organisation « orientée marché » ?

Kohli et Jaworski, et Narver et Slater sont les premiers à définir le concept d'orientation marché. Les définitions qu'ils en proposent ne s'accordent pas, en apparence tout au moins, le concept étant abordé à deux niveaux différents. Alors que Kohli et Jaworski définissent l'orientation marché comme un ensemble spécifique de **comportements** organisationnels, Narver et Slater la définissent comme un **trait culturel** d'une organisation. Les premiers répondent à la question : quels sont les comportements d'une entreprise orientée marché ? Et les seconds à

---

1. Un « antécédent » est ici une variable qui explique d'où provient l'orientation marché. Il s'agit par exemple du degré de formalisation de l'organisation. Plus celle-ci sera formalisée, moins elle pourra être orientée marché. Pour une revue complète, nous renvoyons p. 40.

l'interrogation : quelle en est la culture ? Ils sont ainsi à l'origine des deux approches existantes du concept, l'approche comportementale et l'approche culturelle[1]. Celles-ci seront successivement présentées et détaillées. Elles peuvent par ailleurs être intégrées pour proposer une définition complète et précise de l'orientation marché. Les implications opérationnelles en seront soulignées.

Quels sont les comportements d'une organisation orientée marché ?

Quels sont les comportements d'une organisation orientée marché ? La première réponse apportée à cette question remonte à un article publié en 1990 par Kohli et Jaworski. À partir d'une revue de littérature et de 62 entretiens semi-directifs auprès de cadres nord-américains, ils distinguent trois comportements caractéristiques : « *La production par l'organisation d'informations sur les besoins actuels et futurs des consommateurs, la diffusion de ces informations dans les différents départements de l'organisation, et la réaction de l'organisation à ces informations.* »

Être orientée marché signifierait ainsi pour une organisation qu'elle adopte trois comportements spécifiques qui mettent au cœur de son activité et de ses préoccupations les consommateurs et leurs besoins. Chacun de ces trois comportements peut être défini avec plus de précision.

---

1. Becker et Homburg (1999) ont suggéré l'existence d'une troisième approche : une perspective « **systémique** ». Celle-ci reste très minoritaire. L'orientation marché y est appréhendée comme l'ensemble « *des systèmes de management qui sont configurés pour favoriser l'orientation de l'organisation vers ses consommateurs et ses concurrents* ». Ils identifient cinq systèmes pertinents pour développer le niveau d'orientation marché d'une entreprise : le système organisationnel, le système d'information, le système de planification, le système de contrôle et le système de gestion des ressources humaines. Les auteurs décrivent par ailleurs comment ces systèmes peuvent participer au développement du niveau d'orientation marché d'une organisation.

▨ **La production d'informations** désigne ainsi l'ensemble « *des activités qui visent à développer la compréhension des besoins actuels et futurs des consommateurs, ainsi que des facteurs qui les affectent* ». Il s'agit par exemple des études de marché, de l'analyse de données, de la mise en place de systèmes d'écoute clients, ou de l'utilisation des techniques du marketing one-to-one et relationnel.

▨ **La diffusion des informations** désigne pour sa part « *le partage des informations sur les consommateurs et sur leurs besoins entre les différents départements de l'entreprise* ». Cela peut entre autres reposer sur l'utilisation des techniques de travail collaboratif ou de technologies de l'information spécifiques (bases de données, *groupware*…). Il faut noter ici que les informations, dans une entreprise orientée marché, ont pour vocation à être partagées entre les départements, et qu'elles ne doivent pas par conséquent être réservées aux seuls responsables marketing.

▨ **La réaction aux informations** désigne enfin l'ensemble « *des actions menées en réponse à l'information produite et partagée* ». Elle n'est pas exclusive au département marketing, mais doit concerner d'autres services de l'entreprise, en particulier la recherche et développement qui peut proposer des solutions techniques originales à des attentes nouvelles des consommateurs.

Quelle est la culture d'une organisation orientée marché ?

Quelle est la culture d'une organisation orientée marché ? Répondre à cette question de manière complète et précise impose de distinguer deux niveaux de réponses : celui de la définition de la **culture** d'une organisation orientée marché et celui de la définition des **manifestations** de cette culture dans l'entreprise.

La culture d'une organisation orientée marché

La première définition de la culture d'une entreprise orientée marché remonte à l'article publié par Narver et Slater (1990). Ceux-ci la définissent comme la culture « *qui induit les comportements nécessaires pour proposer une valeur supérieure aux consommateurs de manière continue* ».

Deux définitions complémentaires permettent d'être plus précis. Deshpandé, Farley et Webster (1993) définissent la culture d'orientation marché comme « *un ensemble de croyances qui pose les intérêts du consommateur en premier, tout en n'excluant pas ceux des autres parties prenantes comme les actionnaires, les cadres, ou les employés, de façon à développer une entreprise profitable sur le long terme* ». Day (1994) la définit quant à lui comme « *un ensemble de compétences supérieures dans la compréhension et la satisfaction des clients, et qui fait partie d'une culture plus profondément ancrée et diffusée dans l'entreprise* ».

Afin de mieux comprendre ce qu'est la culture d'une entreprise orientée marché, il faut définir le concept central de **culture** organisationnelle. Parmi les très nombreuses définitions qui en ont été proposées, nous nous limiterons à en présenter deux des plus célèbres. Schein (1985) définit la culture d'une organisation comme « *un ensemble de croyances fondamentales partagées par ses membres et qui agit de manière inconsciente pour construire une vision partagée de l'organisation et de son environnement, considérée comme universelle* ». Deshpandé et Webster (1989), sur la base d'une revue de plus d'une centaine de recherches en théorie des organisations, en anthropologie et en sociologie, proposent quant à eux la définition sans doute la plus répandue en marketing, et sur laquelle s'appuient en particulier Narver et Slater dans leur recherche. Ils proposent de définir la culture d'une organisation comme « *un ensemble de valeurs et de croyances partagées qui aide les individus à comprendre le fonctionnement de l'organisation et donc qui leur fournit les normes pour se comporter dans cette organisation* ». Ces deux définitions sont très proches. Elles mettent conjointement en évidence l'effet unificateur et intégrateur de la culture d'une organisation sur les croyances et les comportements de ses membres.

Celle-ci se manifeste par ailleurs à travers quatre *éléments constitutifs* :

- **les routines comportementales** avec lesquelles les membres d'une organisation se comportent entre eux et avec ceux qui n'appartiennent pas à l'organisation – il peut s'agir de manières d'agir, de travailler ou de parler ;

- **les rites**, qui sont des activités routinières maintenant les croyances et les valeurs de l'organisation ;

- **les mythes**, qui sont des récits se focalisant sur une série d'événements particuliers et issus de l'histoire de l'organisation ;

- **les symboles**, qui constituent une représentation simplifiée de ce qu'est l'organisation, comme les logos ou les marques.

Afin de mieux définir ce qu'est la culture d'une organisation orientée marché, il est possible d'en préciser les manifestations comportementales.

Les manifestations de la culture d'orientation marché

Narver et Slater (1990) distinguent deux principales **manifestations comportementales**[1] de la culture d'orientation marché :

- **Une première est qualifiée « d'orientation vers les consommateurs ».** Elle est définie comme *« la volonté et la capacité d'une organisation de comprendre suffisamment les consommateurs cibles afin d'être capable de leur offrir une valeur supérieure de manière continue, et d'intégrer leurs préférences dans les processus marketing »*.

- **Une seconde est qualifiée « d'orientation vers les concurrents ».** Elle est définie comme *« la volonté et la capacité d'une organisation d'identifier et d'analyser les actions des concurrents, et d'intégrer les informations sur ces concurrents dans les processus marketing »*.

> FORD a changé sa culture organisationnelle en faveur d'une véritable orientation vers ses **consommateurs**. Son rapport annuel 1999 soulignait ainsi que cette approche exige un effort

---

1. Une troisième composante, la *« coordination interfonctionnelle »*, est en réalité distinguée. Nous l'excluons de la définition car il a été montré par Gatignon et Xuereb (1997) qu'elle n'en faisait pas partie intégrante, mais qu'elle constituait au contraire un médiateur de la relation orientation marché-performance d'un produit nouveau. Pour information, elle désigne *« l'utilisation coordonnée des ressources de l'entreprise afin de proposer une valeur supérieure aux consommateurs cibles »*.

permanent : l'entreprise *« doit écouter ses clients, trouver les moyens de répondre à leurs besoins, et analyser en permanence dans quelle mesure elle parvient à les satisfaire »*.

La multiplication des études s'appuyant sur une définition culturelle de l'orientation marché a conduit les chercheurs du domaine à élargir le concept à de nouvelles manifestations. Gatignon et Xuereb (1997) ajoutent ainsi aux deux composantes précédemment identifiées une composante dite « d'orientation technologique » de l'organisation. Elle désigne *« la volonté et la capacité d'une organisation d'obtenir un savoir-faire technologique conséquent et de l'utiliser dans les processus marketing »*. La volonté de proposer une valeur supérieure aux consommateurs se manifesterait ainsi également par la volonté *« de développer de nouvelles solutions technologiques pour satisfaire les nouveaux besoins des consommateurs »*.

IBM a toujours considéré la **technologie** comme la composante essentielle de sa stratégie et comme le moteur principal de sa compétitivité. Sa politique d'innovation permanente lui permet de conforter son leadership technique. Celle-ci passe par le développement de ressources conséquentes, et IBM possède ainsi aujourd'hui le plus grand centre de recherche du secteur au monde : 3 000 chercheurs permanents, travaillant dans huit laboratoires, répartis dans six pays (USA, Suisse, Israël, Inde, Chine, Japon), avec près de 6 milliards de dollars d'investissements annuels, à l'origine du plus grand nombre de brevets déposés aux États-Unis (3 288 en 2002, dont plus de 30 % se concrétisent par des offres commerciales).

Comme le souligne son PDG Charles O. Holliday en 2001, DUPONT DE NEMOURS souhaite intensifier son orientation marché comme vecteur d'une croissance soutenue. La démarche vise à associer étroitement les activités de recherche et développement, autrement dit l'orientation **technologie** de l'entreprise *(« la science est le facteur clé de notre capacité à créer et à soutenir un portefeuille riche d'activités »)*, aux réalités des marchés, leur connaissance passant par le développement de l'orientation **clients** et de l'orientation **concurrents** de l'organisation (*« nous*

nous focalisons sur des besoins qui demandent des compétences en électronique et en matériaux de haute qualité, tandis que nous investissons parallèlement dans de nouvelles plateformes technologiques comme les biomatériaux »).

La stratégie de l'entreprise ZÉON vise à identifier et à pénétrer des niches où une spécialisation et une expertise technologique sont nécessaires. Le modèle de développement retenu repose par conséquent sur un degré élevé d'orientation **technologie** et **concurrents** de l'organisation. Cela passe également par une collaboration proactive de l'entreprise avec ses **consommateurs** pour identifier les technologies permettant d'anticiper les attentes du marché. ZÉON a ainsi réussi à conquérir une position de leader dans le secteur d'un arôme synthétique (70 % de la part de marché mondiale) ou à produire des produits phares comme les toners polymères pour imprimantes laser.

RHODIA suit une stratégie fondée sur « *l'apport de solutions à forte valeur ajoutée et le croisement de technologies* » (orientation **technologie**). Cette démarche vise à rapprocher l'entreprise de ses marchés pour, à terme, porter le chiffre d'affaires des nouveaux produits à 25 %. Pour cela, RHODIA va passer d'une approche industrielle à une approche commerciale, reposant sur l'identification de huit marchés cibles (pharmacie, automobile, électronique, alimentaire, agrochimie, *consumer care*, *industrial care* et textile), va supprimer une division pour n'en conserver que quatre, et va les rebaptiser (orientation **clients**).

BMW a développé un partenariat avec IBM pour l'innovation automobile en matière de logiciel et d'électronique embarquée et devient le premier et principal client de la nouvelle solution business d'IBM dans le secteur automobile, l'AUTOMOTIVE SOFTWARE FOUNDRY (ASF), qui fournit un ensemble de processus, d'outils et de services intégrés pour faire évoluer les équipements mécaniques vers des équipements électroniques et informatisés. Les analystes considèrent que cette tendance va transformer l'industrie automobile au cours de la prochaine décennie. L'électronique et les logiciels embarqués représenteront environ 90 % des innovations automobiles à venir et 40 % des coûts de fabrication d'ici à 2010. Le développement d'une forte orientation **technologie** devient un facteur clé de succès du secteur.

Jusqu'à présent, les approches de l'orientation marché présentées restent focalisées sur le consommateur. Face à l'influence grandissante de nouveaux acteurs sur la performance des organisations, la notion de marché doit être élargie pour pouvoir les englober. Le pouvoir de négociation des grandes et moyennes surfaces dans le secteur des biens de grande consommation et des produits agricoles illustre la nécessité de considérer, pour certains secteurs, les **distributeurs** comme des acteurs centraux du marché. Cette influence a sans doute encouragé le développement des concepts et des méthodes du trade-marketing, ou marketing distributeur, qui vise précisément à « *mettre en place des opérations communes entre le producteur et le distributeur, reposant sur le principe du partenariat, dans le respect des stratégies respectives des producteurs et des distributeurs, et dont le but final est d'améliorer les résultats des deux parties* »[1]. En relation avec ce constat, Lambin (2002) distingue une nouvelle manifestation comportementale de la culture d'orientation marché, l'**orientation distributeurs**, qui peut être définie comme la capacité et la volonté d'une organisation de comprendre les besoins et les comportements des distributeurs afin d'être capable d'établir avec eux une relation profitable et de confiance à long terme[2].

De manière similaire, la qualité de la relation entre le producteur et ses principaux **fournisseurs** tend à devenir un avantage concurrentiel, en particulier dans le secteur industriel. De nombreuses entreprises pratiquent ainsi un marketing amont, ou marketing achat, afin d'inciter, ou de contraindre, le fournisseur à proposer des solutions mieux adaptées aux attentes des consommateurs. Une nouvelle composante comporte-

---

1. D'après Benoun M. & Héliès-Hassid M.L. (2003).
2. On pourrait également ajouter, comme le suggère Lambin (2002), une orientation « prescripteurs » qui porterait sur « *les individus ou les organisations qui peuvent exercer un rôle important en conseillant, en recommandant ou en prescrivant des marques, des produits, des services…* ».

mentale de l'orientation marché doit par conséquent être distinguée : **l'orientation fournisseurs.** Elle peut être définie comme la capacité et la volonté d'une organisation d'inciter ses fournisseurs, par le partenariat, à mieux satisfaire la demande qui leur est adressée, afin de mieux satisfaire ses consommateurs. Ce partenariat, pour qu'il soit durable, doit être profitable aux deux parties.

ABC LIMITED est un des premiers distributeurs anglais. Il a mis en place un *Category Management* qui a conduit à développer un partenariat avec ses principaux fournisseurs afin d'améliorer leur connaissance mutuelle et la performance du canal. Plusieurs actions sont ainsi menées : collecte mutuelle des avis sur l'état du marché (processus appelé *Supplier Involvement*), développement en commun de nouveaux produits, investissements communs pour communiquer vers les consommateurs, partage des informations sur les consommateurs, leurs besoins et leurs motifs d'insatisfaction. Une telle relation, largement répandue dans le secteur de la grande distribution, permet aux deux parties de mieux se connaître et de mieux répondre à leurs attentes mutuelles afin de construire à long terme une relation profitable (orientation **distributeurs** et orientation **fournisseurs**).

INTEL est le leader mondial des microprocesseurs informatiques. Le chiffre d'affaires global de l'entreprise est de 26,5 milliards de dollars en 2001 et son bénéfice net de 1,3 milliard. Plusieurs entreprises ont développé un véritable partenariat avec INTEL afin de l'inciter à proposer des solutions techniques mieux en adéquation avec les attentes de leurs clients et optimisés (orientation **fournisseurs**) : IBM (serveur d'application WebSphere optimisé sous architecture INTEL), MICROSOFT (Windows XP optimisé sous INTEL Pentium 4), BROADVISION (One-to-one entreprise optimisée sous architecture INTEL), BEA (BEA Weblogic optimisé), ORACLE (Oracle9*i* optimisé), SAP (solutions SAP optimisées).

Synthèse

Comme souligné précédemment, deux approches de l'orientation marché peuvent être distinguées : l'approche comportementale et l'approche culturelle. Ces deux approches peuvent-elles être théoriquement intégrées ou sont-elles au contraire théoriquement concurrentes ? Une recherche récente vient militer pour leur intégration. Homburg et Pflesser (2000) distinguent quatre composantes caractéristiques d'une entreprise orientée marché : ses valeurs, ses normes, ses manifestations symboliques et ses comportements. Ils mettent en évidence, grâce à une enquête auprès de 173 cadres, que les valeurs d'une entreprise orientée marché affectent ses normes, qui affectent à leur tour ses manifestations symboliques, qui affectent finalement ses comportements de production d'informations, de partage d'informations et de réaction aux informations. Ces trois derniers comportements définissent l'orientation marché selon l'approche comportementale de Kohli et Jaworski. Ils sont ainsi identifiés comme une **conséquence** des valeurs et des normes d'une entreprise orientée marché, autrement dit, selon la définition de Deshpandé et Webster, de la culture d'une entreprise orientée marché. L'intégration théorique des approches comportementales et culturelles de l'orientation marché en est fortement encouragée.

L'ensemble de ces réflexions nous conduit à proposer **la synthèse de la figure 2**. Celle-ci présente dans sa partie gauche la définition de la culture d'une organisation orientée marché. Dans sa partie centrale, elle met en évidence que celle-ci conduit au développement de cinq comportements organisationnels : l'orientation consommateurs, l'orientation concurrents, l'orientation technologie, l'orientation distributeurs et l'orientation fournisseurs. Dans sa partie droite, elle indique finalement que chacun de ces cinq comportements organisationnels induit à son tour un triple comportement de recherche d'informations, de diffusion de ces mêmes informations et de réaction à ces informations.

Figure 2. Synthèse des définitions de l'orientation marché

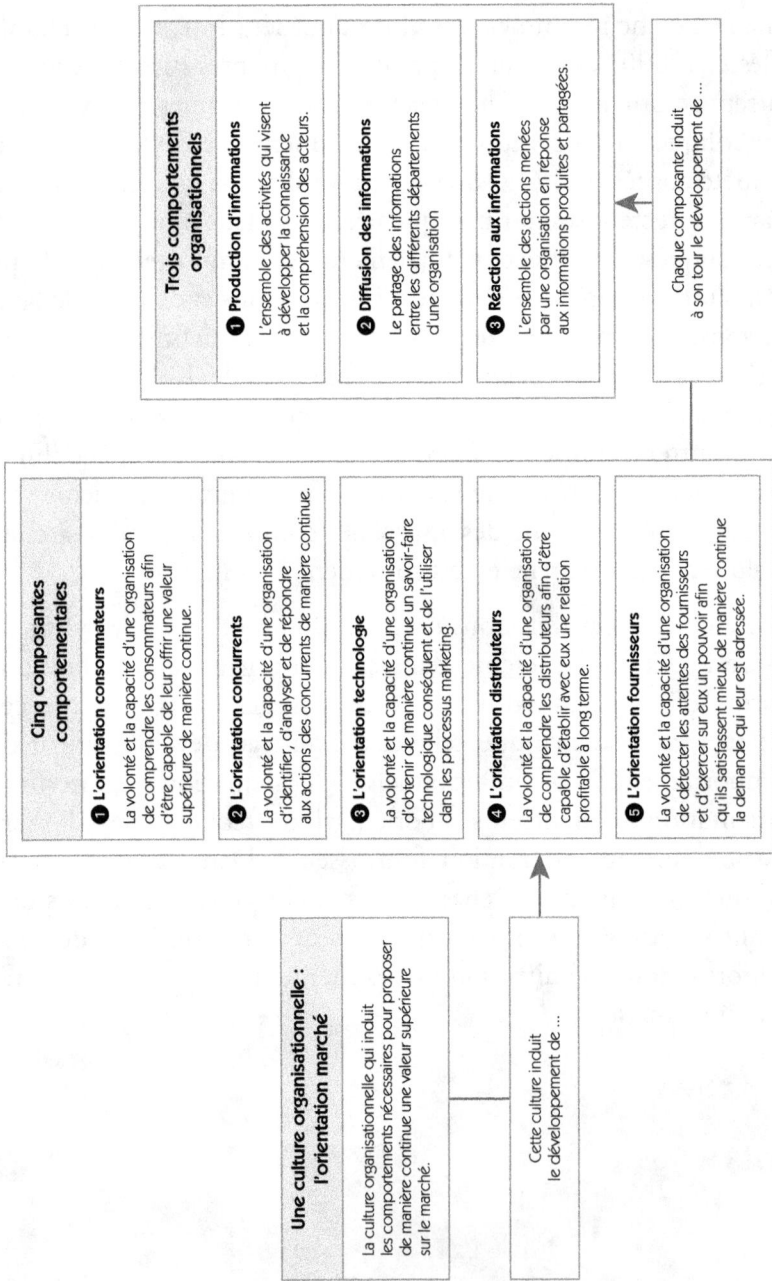

Une culture organisationnelle : l'orientation marché

La culture organisationnelle qui induit les comportements nécessaires pour proposer de manière continue une valeur supérieure sur le marché.

Cette culture induit le développement de …

Cinq composantes comportementales

❶ L'orientation consommateurs

La volonté et la capacité d'une organisation de comprendre les consommateurs afin d'être capable de leur offrir une valeur supérieure de manière continue.

❷ L'orientation concurrents

La volonté et la capacité d'une organisation d'identifier, d'analyser et de répondre aux actions des concurrents de manière continue.

❸ L'orientation technologie

La volonté et la capacité d'une organisation d'obtenir de manière continue un savoir-faire technologique conséquent et de l'utiliser dans les processus marketing.

❹ L'orientation distributeurs

La volonté et la capacité d'une organisation de comprendre les distributeurs afin d'être capable d'établir avec eux une relation profitable à long terme.

❺ L'orientation fournisseurs

La volonté et la capacité d'une organisation de détecter les attentes des fournisseurs et d'exercer sur eux un pouvoir afin qu'ils satisfassent mieux de manière continue la demande qui leur est adressée.

Trois comportements organisationnels

❶ Production d'informations

L'ensemble des activités qui visent à développer la connaissance et la compréhension des acteurs.

❷ Diffusion des informations

Le partage des informations entre les différents départements d'une organisation.

❸ Réaction aux informations

L'ensemble des actions menées par une organisation en réponse aux informations produites et partagées.

Chaque composante induit à son tour le développement de …

Quelles caractéristiques organisationnelles favorisent l'orientation marché ?

Afin de mieux comprendre le concept d'orientation marché, il est possible, de manière additionnelle à la mise en évidence de son origine théorique, de mettre à jour sa provenance organisationnelle, autrement dit, de répondre à la question suivante : **quelles caractéristiques d'une organisation favorisent le développement de son niveau d'orientation marché ?** Quels leviers faut-il actionner pour l'accroître ? Plusieurs études ont été menées sur ce thème, et différentes caractéristiques ont ainsi pu être identifiées. Celles-ci peuvent être classées en trois groupes : les caractéristiques des cadres dirigeants, celles de l'organisation et celles des relations entre les différents départements de l'organisation. Le tableau 2 (page suivante) présente de manière synthétique l'ensemble de ces caractéristiques ainsi que la nature de leur impact[1].

Trois précisions s'imposent pour mieux comprendre ce tableau :

- **En premier lieu**, la nature de l'impact, qu'il soit positif ou négatif, permet de déterminer l'effet de la caractéristique concernée sur le niveau d'orientation marché d'une organisation. Par exemple, plus le niveau de conflit entre les départements d'une organisation sera élevé, moins celle-ci sera orientée marché (exemple d'un impact -). Au contraire, plus le niveau de connexion de ces mêmes départements sera élevé, plus l'organisation sera orientée marché (exemple d'un impact +).

- **En second lieu**, les caractéristiques qui sont présentées ici ont été mises en évidence grâce à l'utilisation de méthodologies de recherche fiables et valides, reposant sur des échantillons d'organisations hétérogènes. Plusieurs types d'organisations ont ainsi été étudiés, publiques et privées, dans différents contextes commerciaux.

---

1. Il faudrait ajouter à ce tableau les caractéristiques de **l'environnement** (Bhuian, 1992 ; Dobscha et *alii*, 1994 ; Greenley, 1995 ; Selnes et *alii*, 1996 ; Gounaris et Avlonitis, 1997). Nous ne les détaillons pas puisqu'elles ne sont pas maîtrisables par une organisation. Elles ne constituent pas par conséquent des leviers d'action opérationnalisables.

Tableau 2. Les antécédents de l'orientation marché

Type de caractéristique	Les caractéristiques favorisant l'orientation marché	Références
① Les cadres dirigeants	Le soutien au développement du niveau d'orientation marché de l'organisation (impact +). La focalisation sur l'importance de la maîtrise des facteurs clé de succès pour assurer la performance (impact +). La faible aversion au risque (impact +). La perception de leur attitude comme professionnelle (particulièrement dans le secteur public) (impact +). L'interaction avec les consommateurs (impact +). Le développement d'une attitude favorable aux changements (impact +).	Jaworski et Kohli (1993), Wood et Bhuian (1993), Slater et Narver (1994), Pulendran et Speed (1996), Gounaris et Avlonitis (1997), Harris et Piercy (1997).
② L'organisation	• Le niveau de ressources disponibles (impact +). • L'esprit entrepreneurial de l'organisation (impact +). • Le recrutement de salariés orientés marché (impact +). • Le degré de départementalisation de l'organisation (impact -). • Le degré de formalisation de l'organisation (impact -). • Le degré de centralisation de l'organisation (impact -). • Un contrôle basé sur les performances commerciales (impact +).	Miles et Arnold (1991), Ruekert (1992), Bhuian (1992), Tuominen et *alii* (1997), Jaworski et Kohli (1993), Liu (1995), Pelham et Wilson (1996), Gounaris et Avlonitis (1997), Borghgraef et Verbeke (1997), Harris et Piercy (1997).
③ Les relations entre départements	• Le niveau de conflits entre départements (impact -). • Le niveau de connexion entre départements (impact +). • Un système de récompense basé sur les performances commerciales (impact +).	Ruekert (1992), Jaworski et Kohli (1993), Harris et Piercy (1997).

■ **En dernier lieu**, afin de mieux maîtriser ces leviers, il est nécessaire de pouvoir mesurer le niveau d'une organisation sur chacun d'entre eux. Pour cela, plusieurs échelles de mesure, dont la fiabilité et la validité ont été vérifiées, sont disponibles[1]. Le lecteur intéressé les trouvera dans le *Handbook of Marketing Scales*, publié et régulièrement actualisé par l'American Marketing Association, ou dans chacune des études dont les références sont présentées de manière rapide au tableau 2 et de manière complète en bibliographie[2].

---

1. Les méthodologies et les problèmes liés au développement d'une mesure fiable et valide d'un concept seront abordés en détail au chapitre 3.
2. Les échelles référencées sont en anglais. Pour être utilisées, celles-ci doivent par conséquent être traduites en français. Afin de minimiser les biais, la procédure habituelle consiste à les traduire puis à rétro-traduire la transcription française en anglais pour en vérifier la qualité.

Conclusion

Le premier chapitre de cet ouvrage visait à répondre à deux questions principales : que signifie « être orientée marché » pour une organisation ? Quelles caractéristiques favorisent le développement de son niveau d'orientation marché ? Les réponses apportées proposent un éclairage opérationnel sur trois interrogations :

- Quelle culture doit développer une organisation soucieuse d'être davantage orientée marché ?
- Quels comportements doit-elle favoriser ?
- Quelles caractéristiques doit-elle posséder ?

Ce premier chapitre a ainsi permis de franchir la *première étape du diagnostic* (tableau 1). La seconde consiste à répondre à la question suivante : quelles conditions doivent être respectées pour que plus d'orientation marché conduise à plus de performance ? Il s'agit de l'objet du chapitre 2.

Notre point de vue. Nous considérons que l'orientation marché doit avant tout être comprise comme une caractéristique culturelle d'une organisation, qui va influencer les comportements de ses membres. C'est la meilleure garantie de l'efficacité de sa mise en œuvre. La développer est un processus difficile, mais dont le résultat sera à la fois durable et défendable. En ce sens, elle sera apte à assurer des avantages concurrentiels à long terme et qui seront difficilement égalables. Les organisations qui désireraient accroître leur culture d'orientation marché seraient en effet contraintes d'entreprendre un processus de transformation similaire. La copie n'est pas ici possible.

Fiche de synthèse du chapitre 1

Quelle est l'origine du concept d'orientation marché ?

Le concept d'orientation marché vient des réflexions menées sur ce qu'est l'état d'esprit marketing. Celui-ci stipule que le meilleur moyen d'assurer à long terme la performance d'une organisation est de placer en tête de ses préoccupations la compréhension et la satisfaction des consommateurs cibles. L'orientation marché est la mise en œuvre de l'état d'esprit marketing dans une organisation.

Quels sont les comportements d'une organisation orientée marché ?

Une organisation orientée marché est caractérisée par trois comportements : celui de production d'informations sur les consommateurs, les concurrents, les distributeurs, les fournisseurs et les technologies disponibles, celui de diffusion de ces informations dans les différents départements de l'organisation et celui de réaction de l'organisation à ces informations.

Quelle est la culture d'une organisation orientée marché ?

Une organisation orientée marché est celle qui a pour volonté de connaître les consommateurs, les concurrents, les distributeurs, les fournisseurs et les technologies disponibles, et d'intégrer ces informations dans les processus marketing.

Quelles caractéristiques d'une organisation favorisent le développement de son niveau d'orientation marché ?

Les caractéristiques favorisant le développement de l'orientation marché d'une organisation sont présentées au tableau 2.

Chapitre 2

Quels sont les liens entre l'orientation marché et la performance ?

L'objectif de tout manager est l'accroissement de la performance. Développer le niveau d'orientation marché de son organisation ou de son équipe peut-il l'y aider ? Quels sont les liens entre l'orientation marché et la performance ? Cette question a été étudiée à de nombreuses reprises. Les recherches menées se sont structurées autour de deux interrogations principales : l'orientation marché a-t-elle un impact sur la performance d'une organisation ? Sous quelles **conditions** cet impact peut-il être optimisé ? Les réponses apportées permettent aujourd'hui de répondre à une triple interrogation :

- **Quel est l'impact de l'orientation marché sur la performance d'une organisation ?** De nombreuses études répondent à cette question. Une synthèse en sera proposée. Celle-ci soulignera que les recherches convergent vers la mise en évidence d'un impact, et ce dans différents contextes commerciaux.

- **Pourquoi plus d'orientation marché conduit-il à plus de performance organisationnelle ?** Il a été montré que l'orientation marché a des effets intermédiaires sur plusieurs autres caractéristiques organisationnelles, qui ont à leur tour un impact sur la performance. Les connaître, et savoir les développer, permettrait de mieux assurer l'impact de l'orientation marché sur la performance.

■ **Sous quelles conditions l'orientation marché a-t-elle plus d'impact sur la performance d'une organisation ?** Apporter une réponse à cette dernière interrogation permettra de mieux comprendre et de mieux contrôler les conditions d'efficacité du développement du niveau d'orientation marché d'une organisation[1].

Les réponses apportées à ces trois questions seront complétées par un approfondissement de l'impact de l'orientation marché sur la performance d'un **produit nouveau.** Deux raisons à cela. En premier lieu, l'importance stratégique des innovations produits nouveaux pour l'activité d'une entreprise. Plusieurs études ont montré qu'entre 25 % et 45 % du chiffre d'affaires d'une entreprise sont liés à des produits qui n'existaient pas encore il y a cinq ans. En second lieu, l'importance des taux d'échec. Une étude récente met en évidence que 95 % des produits nouveaux lancés sur le marché nord-américain par des entreprises industrielles ou de grande consommation échouent, ce chiffre étant de 90 % en Europe pour des produits de grande consommation (Deloitte et Touche, 1998, et Nielsen, 1999, *in* Andreani, 2001).

Nous nous situons dans ce chapitre, comme l'illustre le tableau ci-après, dans la seconde étape de l'opérationnalisation du concept.

---

1. Pour ces trois questions, les études menées portent très majoritairement sur l'orientation vers les consommateurs et les concurrents, et, dans une moindre mesure, sur l'orientation technologie. Pour l'orientation vers les **distributeurs**, il est à notre sens possible de les assimiler à des clients. Les résultats des recherches menées en milieu industriel peuvent par conséquent être considérés comme valables et transférables. Quant à l'orientation **fournisseurs**, aucune étude n'est à ce jour disponible. Pour plus de détails sur les dimensions de l'orientation marché concernées par les résultats qui seront présentés, nous renvoyons aux tableaux de synthèse figurant en appendice du présent chapitre.

Chapitre	Phase	Questions opérationnelles abordées
1	① Phase de **diagnostic**	• Quelle **culture** doit développer une organisation qui veut être davantage orientée marché ? • Quels **comportements** doit-elle favoriser ? • Quelles **caractéristiques** doit-elle posséder ?
2		• Quelles **conditions** doivent être respectées pour que plus d'orientation marché conduise à plus de performance ?
3		• Comment **mesurer et contrôler** le niveau d'orientation marché d'une organisation ?
4	② Phase de **mise en œuvre**	• Comment **implémenter** l'orientation marché dans une organisation ? Quelle méthode faut-il suivre ?

Quel est l'impact de l'orientation marché sur la performance organisationnelle ?

La notion de performance est complexe. Sa mesure, qu'il s'agisse de celle d'une organisation ou de celle d'un produit nouveau, est par conséquent très variable. Trois différences peuvent être relevées :

▨ **La nature de la performance mesurée.** Il est possible d'appréhender la performance financière de l'entreprise (ex. : le profit) ou commerciale (ex. : la part de marché) ou humaine (ex. : la compétence des salariés) ou technique (ex. : la capacité d'innovation). Par ailleurs, il peut être fait référence à la notion d'efficacité des processus organisationnels ou au contraire à celle d'efficience. L'efficacité désigne la capacité à atteindre ou à approcher les objectifs fixés par l'entreprise, alors que l'efficience signifie la capacité à tirer parti au mieux des ressources disponibles.

▨ **Le degré d'objectivité de la mesure de la performance.** Il est possible de mesurer la performance en utilisant des appréciations subjectives de la performance ou en s'appuyant au contraire sur leurs contreparties objectives. Les premières permettent de tenir compte de manière implicite des spécificités sectorielles et de la diversité des objectifs poursuivis. Les secondes sont plus difficilement contestables et permettent plus aisément des comparaisons interentreprises ou d'une année sur l'autre pour une même organisation. Plusieurs recherches ont par ailleurs mis en évidence une forte corrélation entre ces deux types de mesure (Dess et Robinson, 1984 ; Venkatraman et Ramanujam, 1986 ; Robinson et Pearce, 1988).

- **La perspective temporelle.** Il est enfin possible de mesurer la performance sur le court terme ou au contraire sur le long terme. Le choix dépendra ici des objectifs poursuivis.

Les recherches portant sur l'orientation marché se sont principalement focalisées sur la performance commerciale ou financière des organisations. Les mesures sont indifféremment objectives ou subjectives, et sur le court terme ou le long terme. La consultation des tableaux présentés en appendice du présent chapitre permettra d'affiner ces considérations.

La première étude mesurant l'impact de l'orientation marché sur la performance d'une organisation est l'enquête menée par Narver et Slater auprès de 371 cadres appartenant à 140 unités stratégiques différentes. L'existence de la relation orientation marché-performance de l'unité est testée, et son intensité calculée. La performance de l'unité stratégique est mesurée par l'évaluation par son directeur du niveau des retours sur investissements relativement à celui des concurrents. Les résultats mettent en évidence **l'existence d'un impact**, mais dont la nature diffère en fonction du type d'activité. Pour les entreprises qui développent des produits de base, après avoir contrôlé l'effet d'autres variables explicatives de la performance, une relation significative positive mais non linéaire est mise à jour[1]. Pour les entreprises proposant des produits plus élaborés, la relation est significative, positive et cette fois-ci linéaire.

---

1. Celle-ci est au contraire de type quadratique et met par conséquent en évidence un effet de seuil.

Cette étude est réalisée dans des secteurs d'activité particuliers et dans un contexte culturel et commercial précis. Malgré sa fiabilité, liée aux précautions méthodologiques suivies pour sa mise en œuvre, on peut s'interroger sur le caractère généralisable des résultats obtenus, notamment à d'autres secteurs et à d'autres pays. Aussi, de nouvelles recherches ont-elles été conduites dans de nouveaux contextes commerciaux. Afin de clarifier la présentation de ces études, celles-ci sont proposées aux tableaux 7 et 8 (en appendice du présent chapitre pour en faciliter la lecture et la consultation). Quatre informations sont systématiquement fournies :

- **La référence de la recherche**, afin de pouvoir la consulter facilement si nécessaire. La référence complète est présentée en bibliographie.

- **Les principales caractéristiques de l'étude** – taille de l'échantillon collecté, type de secteur concerné, pays d'étude. Cela permettra au lecteur de mieux cerner les recherches qui portent sur son propre secteur d'activité, et d'affiner ainsi sa connaissance des impacts.

- **L'approche de l'orientation marché retenue par les auteurs**, comportementale ou culturelle. Cela permettra de préciser s'il s'agit d'un impact ou d'une absence d'impact liés aux comportements adoptés ou à la culture développée.

- **Les instruments de mesure utilisés.** Les recherches présentées se caractérisent par l'utilisation prédominante des méthodes quantitatives[1]. La mise en œuvre de telles méthodes impose que les variables étudiées soient mesurées afin d'en fournir une équivalence mathématique apte à être traitée de manière statistique. Cette mesure doit être fiable et valide. La présentation des échelles de mesure utilisées permettra dans ce contexte de se faire une idée, pour l'instant rapide[2], de la qualité des instruments utilisés.

---

1. Ce constat peut sans doute s'expliquer par l'adéquation de ce type de méthodologie à la question étudiée qui induit de manière naturelle l'utilisation des méthodes statistiques d'analyse causale, ainsi que par la tradition de recherche nord-américaine qui favorise le recours à ce type de méthodologie.
2. Ces questions seront abordées en détail au chapitre 3.

La simple comptabilisation des études présentées met en évidence **l'existence d'un impact positif de l'orientation marché sur la performance d'une organisation**[1]. Plus une organisation est orientée marché, plus elle est performante. Un nombre non négligeable d'études met cependant en évidence une absence d'effet[2]. Faut-il en conclure pour autant que celle-ci n'est pas un levier de performance ? Assurément, non. Cette contradiction apparente s'explique principalement par l'absence de prise en compte des **modérateurs** potentiels de la relation entre l'orientation marché et la performance d'une organisation[3]. Un « modérateur » est une variable qui vient atténuer l'existence et/ou la force de la relation entre deux variables. Si le niveau de telles variables n'est pas contrôlé dans une étude, il est alors possible que la variation de leur intensité ait un impact sur la relation étudiée, sans que celui-ci puisse être connu. L'étude des modérateurs présente par conséquent un premier avantage : l'augmentation de la fiabilité et de la validité des résultats obtenus. Elle présente un second intérêt, plus opérationnel : elle permet de mieux connaître sous quelles conditions l'orientation marché peut avoir un impact sur la performance d'une organisation, et donc de mieux assurer cet impact. Les modérateurs de la relation orientation marché-performance d'une organisation ont été largement étudiés. Ils seront présentés en détail plus loin.

---

1. La méta-analyse publiée par Cano, Carrillat et Jaramillo (2004) confirme ce constat. Il a par ailleurs été montré que l'orientation marché avait d'autres conséquences que la performance. Elle a un impact sur la satisfaction au travail et sur l'implication des salariés (Ruekert, 1992 ; Jaworski et Kohli, 1993 ; Siguaw et *alii*, 1994), sur la perception des managers de la qualité relative des produits (Pelham et Wilson, 1996), sur la fidélité (Gray et *alii*, 1998), sur la satisfaction (Gray et *alii*, 1998 ; Webb et *alii*, 2000) et sur la qualité de service (Webb et *alii*, 2000).
2. Le tableau 7 détaille les recherches mettant à jour une relation positive et significative entre le degré d'orientation marché d'une organisation et son niveau de performance, le tableau 8 celles qui mettent en évidence une relation non significative.
3. Comme suggéré par les résultats de Cano, Carrillat et Jaramillo (2004). Une seconde explication peut être avancée. La contradiction peut aussi s'expliquer par l'utilisation d'instruments de mesure qui diffèrent d'une étude à l'autre. La comparaison des résultats s'en trouve ainsi limitée, rejetant toute conclusion définitive quant au caractère cumulatif ou contradictoire des résultats obtenus.

Pour l'instant, et pour conclure cette première partie, les principales **caractéristiques** des études menées sur l'impact de l'orientation marché d'une organisation sur sa performance doivent être présentées :

- L'impact de l'orientation marché sur la performance organisationnelle a été mis en évidence dans des **secteurs d'activité variés.** Dans le domaine privé, il a été observé dans le secteur primaire (exploitation forestière), dans le secteur industriel, de la grande consommation, dans le secteur des hautes technologies, des biotechnologies, et dans le secteur des services (services bancaires). Dans le domaine public, il a été mis en évidence dans le secteur hospitalier, dans le domaine de l'éducation et dans le domaine culturel. L'orientation marché est par conséquent un levier de performance efficace dans différents contextes, aussi bien marchands que non marchands, publics que privés.

- L'effet de l'orientation marché sur la performance n'est pas par ailleurs propre à un type d'organisation particulier. Il a ainsi été observé, aussi bien dans de grandes entreprises que dans des PME, et ce quelle que soit leur nationalité, asiatique (indienne, japonaise ou taïwanaise), européenne (allemande, anglaise, française ou grecque), nord-américaine, du Moyen-Orient (arabe ou israélienne) ou d'Océanie (australienne ou néo-zélandaise).

- Enfin, la mise en évidence de l'impact de l'orientation marché sur la performance d'une organisation a reposé sur des méthodologies de recherche quantitatives valides, et mises en œuvre auprès d'échantillons de taille large, variant de n = 63 à n = 490.

Pour maintenir sa performance, FRANCE TÉLÉCOM, comme le souligne son PDG Thierry Breton dans son rapport annuel 2002, a comme *« priorité absolue la satisfaction de ses clients* (orientation **consommateurs**) *et la qualité des services* (orientation **technologie**) »*. Celle-ci doit reposer sur la recherche et développement du groupe, qui compte 3 000 chercheurs et ingénieurs, qui *« innovent en permanence pour simplifier la vie de tous ses clients »*, et dont le *« portefeuille de propriété intellectuelle qui en découle sera mieux valorisé »*. Il poursuit en soulignant son rôle stratégique : « *En matière de hauts débits, de sécurité réseaux, de WiFi ou encore d'Internet rapide, nos laboratoires nous placent à l'avant-garde des nouvelles tendances du marché. Ils seront le fer de lance de la renaissance de l'entreprise.* »

L'existence de pirates informatiques menace de manière fondamentale l'activité et la performance de MICROSOFT. Les virus spécifiques à Windows référencés sur six mois sont ainsi passés de 308 entre janvier et juin 2001 à 994 entre janvier et juin 2003, soit une augmentation de 322 %. L'entreprise, comme le souligne son PDG Steve Balmer, doit donc être fortement orientée vers les **technologies** de protection informatique émergentes, et a ainsi notamment lancé il y a près de deux ans un programme baptisé « Trustworthy Computing » censé rendre les logiciels plus sûrs ; elle a lancé en janvier 2004 un partenariat avec plusieurs universités européennes afin de former des étudiants à la sécurité des codes informatiques.

Un nouveau concept apparaît dans les secteurs audiovisuels et informatiques : celui de la « maison numérique », né de la convergence entre l'électronique de loisir et l'informatique. Cette convergence va entraîner une vaste redistribution des cartes dans le secteur. Ceux qui ont le plus à perdre sont sans doute les géants de l'électronique (SONY, THOMPSON, PHILIPS) qui devront faire face à la concurrence nouvelle des industriels de l'informatique. DELL et GATEWAY ont ainsi déjà annoncé le lancement de produits « convergents » comme les *media centers*. Par conséquent, les entreprises de l'électronique devront, pour rester performantes, être davantage orientées vers les **consommateurs**, afin de bien diagnostiquer leurs nouvelles attentes, vers leurs **concurrents**, afin de connaître les offres concurrentes existantes et les menaces de nouveaux entrants, et vers les solutions **technologiques** émergentes, afin de maîtriser le support technique indispensable et les futures avancées, qui permettront notamment d'éliminer un des fléaux actuels de ces maisons multimédia : les câbles et les raccordements (INTEL prépare ainsi déjà un *Digital Media Adapter* sans fil qui transfère les données (vidéo, photos, musique) depuis un PC vers un téléviseur ou un récepteur stéréo).

Depuis leur fusion en 1999, LG et PHILIPS ont investi plusieurs milliards de dollars dans le développement d'écrans LCD. Aujourd'hui, ils sont devenus numéro 1 mondial sur un marché en pleine croissance (le marché des moniteurs est passé de 2 millions d'unités en 1999 à plus de 60 millions aujourd'hui, et de 3 000 en 2001 sur le marché français à 120 000 en 2003 avec une prévision de 400 000 pour 2004) en générant chaque mois entre 500 et 600 millions de dollars de chiffre d'affaires, en étant les premiers à produire en un mois plus de 2 millions d'écrans de plus de 10 pouces, en détenant 21,1 % de parts de marché au second trimestre 2003 et en enregistrant une croissance record en volume de + 80 % sur un an (2e semestre 2003). Selon, Bruce Berkoff, directeur du marketing de LG PHILIPS LCD, ce succès repose « *outre sur notre maîtrise technologique* (orientation **technologie**), *sur une bonne anticipation de la demande* (orientation **consommateurs**) ». La maîtrise technologique est indispensable, en particulier en raison de l'émergence de nouvelles solutions techniques comme le SCED, *Surface Condustion Electron-emitter Display*, l'Oled, *Organic Light Emiting Diode*, ou les FED *Field Emission Displays*, qui visent toutes à surmonter les inconvénients actuels du LCD dans un contexte de forte concurrence avec la technologie plasma.

Pourquoi plus d'orientation marché conduit-il à plus de performance organisationnelle ?

L'approfondissement de la connaissance de l'impact de l'orientation marché sur la performance d'une organisation passe par la réponse à la question suivante : **pourquoi plus d'orientation marché conduit-il à plus de performance organisationnelle ?** Répondre à cette interrogation revient à identifier les **médiateurs** de la relation entre l'orientation marché et la performance organisationnelle. Un « médiateur » explique le mécanisme par lequel une variable en influence une autre. Comme l'illustre la figure ci-après, il constitue le cœur d'un réseau causal qui les lie.

Figure 3. Représentation graphique d'un médiateur

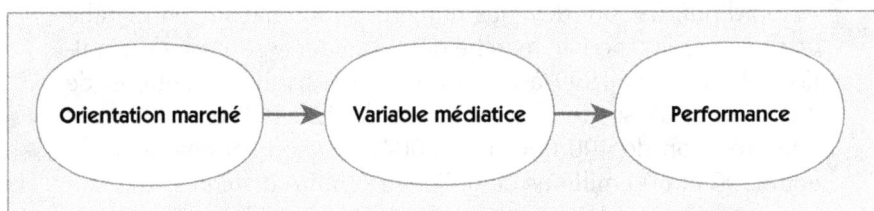

Identifier les variables médiatrices revient à déterminer les effets indirects de l'orientation marché sur la performance d'une organisation. D'un point de vue **opérationnel**, la connaissance de telles variables permet de comprendre en premier lieu pourquoi, dans un contexte donné, le développement du niveau d'orientation marché d'une organisation n'a pas conduit à un accroissement de sa performance. Cela peut être dû, entre autres facteurs[1], à un mauvais contrôle des variables médiatrices qui absorbent, voire annulent, une partie de l'effet de l'orientation marché sur la performance. Elle permet par ailleurs de contrôler les éléments qui pourraient influencer l'impact de l'orientation marché d'une organisation sur sa performance, et d'optimiser ainsi cet impact. D'un point de vue plus **théorique**, connaître les variables médiatrices revient à mettre en évidence les mécanismes par lesquels l'orientation marché peut avoir un effet sur la performance, et conduit ainsi à un développement de la connaissance du concept. Nous présentons les médiateurs identifiés par les recherches du domaine et nous indiquons les conséquences opérationnelles à en tirer.

---

1. Cela peut également être lié à l'absence de contrôle des variables modératrices. Nous aborderons plus loin en détail cette question.

Quels sont les médiateurs de la relation orientation marché-performance organisationnelle ?

De nombreuses études ont porté, dans des contextes variés, sur l'identification des médiateurs de la relation orientation marché-performance organisationnelle. Afin d'en clarifier et d'en faciliter la présentation, nous les détaillons au tableau 9 (en appendice du présent chapitre). Il propose successivement, pour chaque étude, la référence, la définition retenue de l'orientation marché, comportementale ou culturelle, les échelles de mesure utilisées, et les médiateurs identifiés. Ceux-ci peuvent être classés en deux catégories : les variables maîtrisables par une organisation et les variables difficilement maîtrisables. Le tableau suivant les présente de manière synthétique.

Tableau 3. Les médiateurs de la relation entre l'orientation marché et la performance d'une organisation

Les médiateurs maîtrisables	Les médiateurs difficilement maîtrisables
① Les caractéristiques des offres : • Le degré d'innovation des offres (effet + sur la performance) • Le niveau de qualité perçue des offres (effet +) • La qualité technique relative des offres par rapport aux concurrents (effet +) ② La satisfaction des consommateurs : • La satisfaction des consommateurs vis-à-vis des offres proposées (effet +) ③ La relation commerciale : • La confiance du consommateur lors de la relation commerciale (effet +) • Le degré de coopération du consommateur lors de la relation commerciale (effet +)	• La part de marché de l'entreprise (effet +) • Le taux de croissance de l'entreprise (effet +) • L'augmentation de la notoriété de l'organisation (effet +) • La capacité de l'organisation à fidéliser ses clients (effet +)

Les médiateurs présentés sont ceux par l'intermédiaire desquels l'orientation marché peut avoir un impact sur la performance d'une organisation[1]. Par exemple, si le degré d'innovation des offres est faible, être davantage orienté marché ne conduira qu'à un faible surcroît de performance, puisque la faiblesse du niveau d'innovativité des offres absorbera l'impact favorable de l'orientation marché. L'interprétation est similaire pour l'ensemble des médiateurs présentés. Par ailleurs, les médiateurs « maîtrisables » sont caractéristiques d'une offre, alors que ceux qui sont « difficilement maîtrisables » caractérisent l'organisation. Ils sont par conséquent influencés par des facteurs plus nombreux et plus hétérogènes, ce qui les rend plus difficiles à contrôler.

Comment optimiser l'impact de l'orientation marché d'une organisation sur sa performance ?

À partir des résultats présentés au paragraphe précédent, comment optimiser l'impact de l'orientation marché d'une organisation sur sa performance ? Cette optimisation passe, entre autres facteurs, par le renforcement des médiateurs, notamment de ceux qualifiés de « maîtrisables ». Nous recommandons le recours à une démarche en deux étapes : une phase de diagnostic suivie d'une phase de mise en œuvre (le renforcement des médiateurs).

Étape 1 : le diagnostic

Dans un premier temps, il s'agit de mesurer le niveau de l'organisation sur chacun des médiateurs « maîtrisables » présentés. Se pose ici la question des instruments de mesure utilisables. Comme souligné plus haut, le problème essentiel est celui de la fiabilité et de la validité des échelles employées. Celles-ci peuvent être vérifiées de plusieurs manières. L'approche la plus simple consiste à s'appuyer sur des échelles de

---

1. L'orientation marché pourrait avoir un effet direct sur la performance d'une organisation. Un tel effet a pu être mis en évidence à plusieurs reprises. La méthodologie d'identification de médiateurs, du type Baron et Kenny (1998), tient cependant compte, en les mesurant, de ces effets directs.

mesure existantes, issues de la littérature, et dont la fiabilité et la validité ont déjà été testées. Il est ici possible de consulter le *Handbook of Marketing Scales*, ou les études citées qui présentent systématiquement les instruments de mesure employés[1]. Ces instruments de mesure sont composés de plusieurs questions, aussi appelées « items », qui captent les différentes facettes de la variable étudiée. Afin de disposer d'un indicateur unique, une solution classique consiste à calculer une moyenne de ces différents items[2]. À ce stade, nous disposons ainsi d'une mesure du niveau de l'organisation sur chacun des médiateurs « maîtrisables ».

Étape 2 : le renforcement des médiateurs

Dans un second temps, il s'agit de renforcer les médiateurs dont le niveau est jugé faible. Les actions envisageables sont nombreuses et variées, et les présenter toutes dépasserait le cadre de cet ouvrage. Nous ne retenons ainsi que les actions qui nous paraissent les plus efficaces. Pour un aperçu complet nous renvoyons aux livres et aux articles spécialisés.

- Concernant **les caractéristiques des offres**, afin de développer leur degré d'innovation, leur niveau de qualité perçue et leur qualité technique relative, trois actions complémentaires, pour un niveau de ressource donné, paraissent au moins nécessaires : la mise en place d'un système de veille concurrentiel et technologique apte à identifier les nouvelles solutions techniques disponibles ainsi que les configurations techniques retenues par les concurrents ; le développement de la coopération entre les services marketing et recherche et développement, ce qui permettra, pour une technique particulière identifiée et maîtrisée par la R & D, de connaître sa valorisation

---

1. Il est pour cela extrêmement utile et rapide de pouvoir consulter des bases de données d'articles en ligne du type Proquest.
2. Une démarche plus fiable, mais aussi plus difficile techniquement à mettre en œuvre, consiste à calculer une moyenne pondérée des items à partir de leurs poids calculés à partir d'une analyse en composantes principales (ACP) ou, mieux, à partir d'une analyse factorielle confirmatoire. Pour plus de détails sur cette démarche, nous renvoyons au chapitre 3.

commerciale potentielle, et d'ainsi mieux en assurer la pertinence auprès des consommateurs cibles ; le développement de la capacité créative des équipes de développement de produits nouveaux[1].

- **La satisfaction des consommateurs**[2]. Selon la recherche académique (Oliver, 1980) et les définitions proposées par l'AFNOR, la satisfaction est le résultat d'une évaluation subjective entre les attentes des consommateurs et la performance perçue des offres. La non-satisfaction peut par conséquent provenir de trois types d'écarts, qu'il s'agit de réduire pour assurer la satisfaction du consommateur. La non-satisfaction peut avoir comme première origine un écart entre la performance attendue par le consommateur et la performance que souhaite lui proposer l'organisation, la performance « désirée ». Il s'agit dans ce cas d'un problème d'écoute clients. La non-satisfaction peut provenir en second lieu d'un écart entre la performance « désirée » et la performance effectivement réalisée par l'organisation. Il s'agit ici d'un problème de qualité : le cahier des charges fixé n'a pas été respecté lors de la conception ou de la réalisation du produit. La non-satisfaction peut avoir comme troisième origine un écart entre la performance réalisée et la performance perçue par le consommateur. Il s'agit dans ce cas d'un problème de communication, de vente ou de logistique.

- Concernant **la relation commerciale**, afin d'accroître la confiance du consommateur et son degré de coopération, les méthodes et les outils de gestion de la relation client, de type CRM (*Customer Relationship Management*), paraissent ici utiles. Rust, Zeithaml et Lemon (2000)[3] distinguent trois déterminants d'une relation client durable : la valeur perçue des offres, la politique de marque et la

---

1. Nous renvoyons ici aux nombreux ouvrages écrits sur la créativité.
2. Pour plus de détails sur les actions de développement de la satisfaction des consommateurs, nous renvoyons à l'excellent ouvrage de référence : Ray D., *Mesurer et développer la satisfaction des consommateurs*, Paris, Éditions d'Organisation, 2001.
3. Cité par Kotler Ph., Dubois B. et Manceau D., *Marketing management*, 11e éd., Paris, Pearson Education, 2003, p. 81.

gestion de la relation client. Celle-ci passe par la construction de programmes de fidélisation, la mise en place de bases de données individualisées sur les attentes et sur les achats passés, ou la construction de communautés de clientèles.

Sous quelles conditions plus d'orientation marché conduit-il à plus de performance organisationnelle ?

Après avoir présenté les médiateurs de la relation orientation marché-performance organisationnelle, nous abordons à présent la question de ses **modérateurs.** Un « modérateur » vient atténuer l'existence et/ou la force de la relation entre deux variables. Selon le niveau du modérateur, cette relation sera forte ou faible, voire inexistante. L'étude des modérateurs présente un double intérêt, opérationnel et théorique. D'un point de vue **opérationnel**, elle conduit à mieux connaître sous quelles conditions l'orientation marché a un impact sur la performance d'une organisation. Elle permet par conséquent de mieux assurer cet impact et d'en accroître la force. D'un point de vue plus **théorique**, elle conduit à affiner la connaissance d'une relation, et de mieux garantir, en contrôlant l'effet des modérateurs, la validité des résultats. Nous présentons les modérateurs identifiés par les recherches du domaine et nous précisons les conséquences opérationnelles à en tirer.

Quels sont les modérateurs de la relation orientation marché-performance organisationnelle ?

Les premières études menées sur la relation entre l'orientation marché et la performance d'une organisation se sont dès le départ interrogées sur ses modérateurs. Afin de clarifier la présentation de ces recherches, nous les détaillons au tableau 10 (en appendice du présent chapitre). Il indique, pour chaque étude, la référence, la conceptualisation retenue de l'orientation marché, comportementale ou culturelle, les échelles de mesure utilisées et les modérateurs identifiés. Ceux-ci peuvent être classés en deux catégories : les modérateurs caractérisant l'état de l'environnement, et les modérateurs caractérisant l'organisation. Le tableau suivant les présente de manière synthétique :

Tableau 4. Les modérateurs de la relation entre l'orientation marché et la performance d'une organisation

Les caractéristiques de l'environnement	Les caractéristiques de l'organisation
• La turbulence du marché (effet +) • La turbulence technologique (effet +) • L'intensité concurrentielle (effet +) • L'état général de l'économie (effet +) • La croissance du marché (effet +) • Le degré de nouveauté du comportement des nouveaux consommateurs (effet +)	• Le type de stratégie suivie • L'orientation de l'organisation quant à l'apprentissage organisationnel (effet +)

▪ **Comment ce tableau s'interprète-t-il ?** Les termes « effet + » indiquent que plus le modérateur est d'un niveau élevé, plus l'orientation marché aura un impact sur la performance d'une organisation. Par exemple, plus l'intensité concurrentielle sera forte, plus être orienté marché conduira à un surcroît de performance.

▪ **Quel est l'effet du type de stratégie suivie ?** Aucun effet n'est indiqué pour le modérateur « type de stratégie suivie ». Celui-ci est en effet variable, et demande ainsi une présentation plus détaillée. Trois types de stratégies peuvent être distingués : la stratégie du défenseur, la stratégie du prospecteur et la stratégie de l'analyste[1]. Les entreprises qui suivent la stratégie du « défenseur » sont celles *« qui opèrent sur un domaine d'activité restreint et qui cherchent à améliorer la performance de leurs activités actuelles »*. Les entreprises qui optent pour la stratégie du « prospecteur » *« cherchent en permanence de nouvelles*

---

1. D'après les travaux de Miles et Snow (1978), encore utilisés aujourd'hui. Par ailleurs, les définitions présentées ici sont celles proposées par ces deux auteurs.

opportunités de développement et expérimentent souvent de nouvelles réponses potentielles aux tendances émergentes de l'environnement ». Enfin, les entreprises qui suivent la stratégie de l'« analyste » sont celles qui *« interviennent dans deux types de domaines d'activités, les uns stables, les autres dynamiques. Dans les domaines d'activité stables, les entreprises analystes opèrent de manière performante grâce à des processus et des structures formalisés. Dans les domaines d'activité dynamiques, les dirigeants surveillent étroitement les concurrents et adoptent rapidement les idées qui leur paraissent les plus prometteuses ».* Deux études montrent que la relation entre l'orientation marché d'une organisation et sa performance est positive lorsque les stratégies suivies sont de type « prospecteur » et « analyste », et qu'elle est au contraire non significative lorsque la stratégie suivie est de type « défenseur ».

Comment optimiser l'impact de l'orientation marché d'une organisation sur sa performance ?

À partir des résultats présentés précédemment, comment optimiser l'impact de l'orientation marché d'une organisation sur sa performance ? Les modérateurs caractéristiques de l'état de l'environnement ne sont pas maîtrisables. Il s'agit d'une opportunité ou d'une menace à laquelle l'organisation doit s'adapter. Elle doit pour cela être capable de déterminer l'état de l'environnement grâce à des processus de veille et d'étude de marché classiques, et de s'y adapter par l'utilisation des méthodes et des outils de la stratégie et du marketing. Les modérateurs caractéristiques d'une organisation sont au contraire maîtrisables. Ils peuvent par conséquent être manipulés pour optimiser l'impact de l'orientation marché sur la performance d'une organisation. Nous suggérons pour cela une démarche en deux étapes, exactement similaire à celle recommandée pour le renforcement des médiateurs.

Étape 1 : le diagnostic

Dans un premier temps, il s'agit de mesurer le niveau de chacun des deux modérateurs caractéristiques d'une organisation. Nous recommandons ici l'emploi des échelles employées dans les études concernées. Pour cela, il est possible de les consulter directement ou de se référer au *Handbook of Marketing Scales*.

Étape 2 : le renforcement des modérateurs

Dans un second temps, il s'agit de renforcer les modérateurs dont le niveau est jugé faible. Nous indiquons simplement les pistes à privilégier. Pour une vision complète, nous renvoyons aux ouvrages ou aux revues spécialisées.

▪ **Concernant « l'orientation de l'organisation quant à l'apprentissage organisationnel »**, il faut rapidement répondre à deux questions complémentaires : qu'est-ce que l'apprentissage organisationnel ? Comment le développer ? Sa définition fait débat. Trois perspectives coexistent. La plus pertinente dans le cadre de cet ouvrage est la troisième, qui définit le concept à partir des processus qu'elle induit[1] : celui de la production d'informations, celui de la distribution d'informations, celui de l'interprétation d'informations et celui de la mémorisation organisationnelle (Sinkula, 1994). Il s'agit par conséquent, de manière opérationnelle, de créer les structures et les stratégies aptes à favoriser ces quatre processus. Techniquement, cela passe par un ensemble d'actions qui portent sur trois axes complémentaires : la motivation des acteurs de l'organisation, la création des conditions nécessaires au développement de ces processus et le développement des savoir-faire indispensables. Pour agir sur la motivation, deux voies peuvent être empruntées : celle des mécanismes de récompenses/sanctions et celle de l'information sur les conséquences des actions entreprises (Pinder, 1984). L'amélioration des conditions passe quant à elle par la densification des réseaux, à la fois en interne, pour favoriser le partage des informa-

---

1. Pour plus de détails, nous renvoyons à Argyris et Schön (1978).

tions, et en externe, pour favoriser l'acquisition d'informations, par la définition de nouveaux rôles et de nouvelles responsabilités, et par la mise en place de nouveaux processus et de nouvelles procédures. Enfin, le développement des savoir-faire passe par le déploiement des compétences nécessaires grâce aux processus de formation et de recrutement.

▨ **Concernant « le type de stratégie suivie »**, les recommandations sont plus simples. Comme suggéré par la recherche académique, il faut favoriser les stratégies dites du « prospecteur » et de l'« analyste » et abandonner la stratégie dite du « défenseur ». Les définitions de ces trois stratégies types ont été données précédemment.

Quel est l'impact de l'orientation marché sur la performance d'un produit nouveau ?

Face à l'importance stratégique, commerciale et financière des **produits nouveaux**, plusieurs études ont été menées sur les liens existant entre l'orientation marché d'une organisation et la performance des produits nouveaux qu'elle développe. Ces recherches se sont structurées autour de trois questions :

▨ **Quel est l'impact de l'orientation marché d'une organisation sur la performance des produits nouveaux qu'elle développe ?** Une synthèse des études traitant de cette question sera proposée. Celle-ci permettra de souligner que les recherches convergent vers la mise en évidence d'un impact, et ce dans différents contextes commerciaux.

▨ **Pourquoi plus d'orientation marché conduit-il à plus de performance des produits nouveaux ?** Se pose ici la question des médiateurs de la relation. Les connaître et pouvoir les développer permettra de mieux assurer l'impact de l'orientation marché sur la performance des produits nouveaux.

■ **Sous quelles conditions l'orientation marché a-t-elle plus d'impact sur la performance des produits nouveaux ?** Est ici posée la question des modérateurs de la relation. Les connaître et les contrôler conduira à mieux maîtriser les conditions de l'efficacité du développement du niveau d'orientation marché d'une organisation.

Quel est l'impact de l'orientation marché d'une organisation sur la performance des produits nouveaux qu'elle développe ?

Les recherches testant et mesurant l'impact de l'orientation marché sur la performance d'un produit nouveau sont moins nombreuses, sans doute car plus récentes, que celles portant sur la performance d'une organisation. Afin de clarifier leur présentation, nous les détaillons aux tableaux 11 et 12 (proposés en appendice). Les études citées mettent globalement en évidence **un effet positif et significatif** du niveau d'orientation marché d'une organisation sur la performance des produits nouveaux qu'elle développe. Cet effet a été observé dans différents pays (Australie, Belgique, Corée, États-Unis, Inde, Norvège, Nouvelle-Zélande, Royaume-Uni, Suède), dans différents secteurs d'activité (exploitation forestière, produits manufacturés, secteur public) et pour différents types d'organisation (organismes publics, grandes entreprises, PME).

Pourquoi plus d'orientation marché conduit-il à plus de performance des produits nouveaux ?

Est ici posée la question des *médiateurs* de la relation. Ceux-ci ont été étudiés à plusieurs reprises. Une synthèse des recherches est proposée au tableau 13 (présenté en appendice du présent chapitre). Elle met en évidence que l'orientation a un impact sur la performance d'un produit nouveau *via :*

Tableau 5.
Les médiateurs de la relation orientation marché-performance
d'un produit nouveau (une synthèse)

- Le degré de nouveauté du produit pour les consommateurs ;
- Le niveau d'avantage du produit par rapport aux offres concurrentes ;
- L'adéquation entre le produit nouveau et les compétences et ressources du département marketing ;
- Le degré de coordination et de coopération entre départements lors du développement ;
- L'utilisation instrumentale des informations disponibles au cours du processus de développement ;
- Le degré de créativité des programmes marketing ;
- L'intensité des tâches de développement – tests de marché, construction du budget, segmentation, ciblage, positionnement, mix.

Ces différents médiateurs peuvent **absorber** une partie de l'effet bénéfique de l'orientation marché sur la performance d'un produit nouveau. Il convient par conséquent pour l'entreprise d'en assurer un niveau maximal (voir à ce sujet les développements étudiés plus haut).

Les modérateurs de la relation orientation marché-performance d'un produit nouveau

Sous quelles conditions l'impact de l'orientation marché sur la performance d'un produit nouveau est-il maximal ? Est ici posée la question des **modérateurs** de la relation. Ceux-ci ont été étudiés à plusieurs reprises. Une synthèse des recherches est proposée au tableau 13 (présenté en appendice du présent chapitre). Les modérateurs identifiés peuvent être classés en deux catégories : ceux qui sont maîtrisables par l'organisation et ceux qui ne le sont pas. Les facteurs non maîtrisables sont très majoritairement focalisés sur l'état de l'environnement.

Tableau 6. Les modérateurs de la relation orientation marché-performance d'un produit nouveau (une synthèse)

Les modérateurs non maîtrisables	Les modérateurs maîtrisables
• La turbulence technologique • Le taux de croissance du marché • L'intensité concurrentielle • L'hostilité de l'environnement • La phase du cycle du produit • L'incertitude de la demande • La complexité de l'environnement • La capacité de l'environnement[*]	• La coordination interfonctionnelle • L'orientation de l'organisation quant à l'apprentissage organisationnel

[*] La « capacité » de l'environnement désigne sa capacité à proposer une croissance soutenue dans le temps.

Selon le niveau de ces différentes variables, l'impact de l'orientation marché sera plus ou moins fort. Il convient en particulier pour l'organisation d'assurer un niveau maximal des modérateurs maîtrisables. Elle devra ainsi chercher à accroître la coordination de ses départements ainsi que son degré d'apprentissage.

Notre point de vue. Les modérateurs identifiés sont essentiellement caractéristiques de l'état de l'environnement. Nous avons eu l'occasion dans nos propres recherches d'approfondir ce thème. Nous avons mis en évidence que l'état **objectif** de l'environnement, autrement dit indépendant de la perception que peuvent en avoir les chefs de produits ou les directeurs commerciaux, jouait un rôle modérateur. Nous avons par ailleurs développé une mesure objective de l'état de l'environnement[1]. En outre, nous avons identifié, dans un contexte français, trois nouveaux modérateurs : la complexité, la capacité et la complexité de l'environnement. Cette conceptualisation offre l'avantage d'être exhaustive[2]. Elle permet par conséquent de tenir compte de l'ensemble des effets.

---

1. Gotteland D. et Boulé J.-M., « La mesure de l'état objectif de l'environnement industriel français », XVIIe colloque international de l'AFM, 21-22 mai 2001, Deauville, France, Actes sur CD-Rom.
2. Elle s'appuie en effet sur les travaux antérieurs de Dess et Beard (1984) qui, à partir des recherches de Starbuck (1976) ou d'Aldrich (1979), ont montré que l'état de l'environnement se caractérise de manière exhaustive par trois dimensions : le dynamisme, la complexité et la capacité.

Conclusion

Le second chapitre de cet ouvrage visait à répondre à trois questions principales : quel est l'impact de l'orientation marché sur la performance ? Pourquoi l'orientation marché a-t-elle un impact ? Sous quelles conditions cet impact est-il optimisé ? Nous avons répondu à cette triple interrogation pour la performance d'une **organisation** et pour celle d'un **produit nouveau**. Une synthèse est proposée aux figures 4 et 5.

D'un point de vue opérationnel, répondre aux deux dernières questions nous a successivement conduits à :

- présenter les **caractéristiques** qu'une organisation doit développer pour optimiser l'impact de l'orientation marché sur sa performance ;
- présenter une **méthode de diagnostic** du niveau de l'organisation sur chacune de ces caractéristiques ;
- présenter les principales **pistes** à suivre pour, si nécessaire, augmenter le niveau de l'organisation sur ces caractéristiques.

Ce second chapitre a ainsi permis de franchir la **seconde étape du diagnostic**. La troisième consiste à présent à répondre à la question suivante : comment mesurer le degré d'orientation marché d'une organisation ? Il s'agit de l'objet du chapitre 3.

Notre point de vue. Nous voudrions insister sur le rôle central des variables médiatrices ou modératrices qui peuvent diminuer, voire annuler, l'effet de l'orientation marché sur la performance[1]. Il apparaît ainsi déterminant de les connaître et de pouvoir, *a minima*, mesurer leur intensité. La solution optimale est de savoir les « manipuler » pour leur donner le niveau souhaité, minimal ou maximal selon le sens des effets médiateurs et modérateurs. Sans cela, le programme de développement du niveau d'orientation marché de l'organisation ne restera qu'un centre de coûts, sans conséquences positives. Face à cette absence d'effets, l'émergence de contrecoups négatifs serait alors possible : diminution de l'implication des salariés, découragements, résistances organisationnelles, perte de crédibilité de la direction…

---

1. Nous avons étudié de telles variables dans nos recherches. Nous avons mis en évidence le rôle médiateur de l'utilisation des informations disponibles sur les consommateurs et les concurrents dans la relation orientation marché-performance d'un produit nouveau.

Figure 4. Synthèse des recherches sur la relation entre l'orientation marché et la performance d'une entreprise

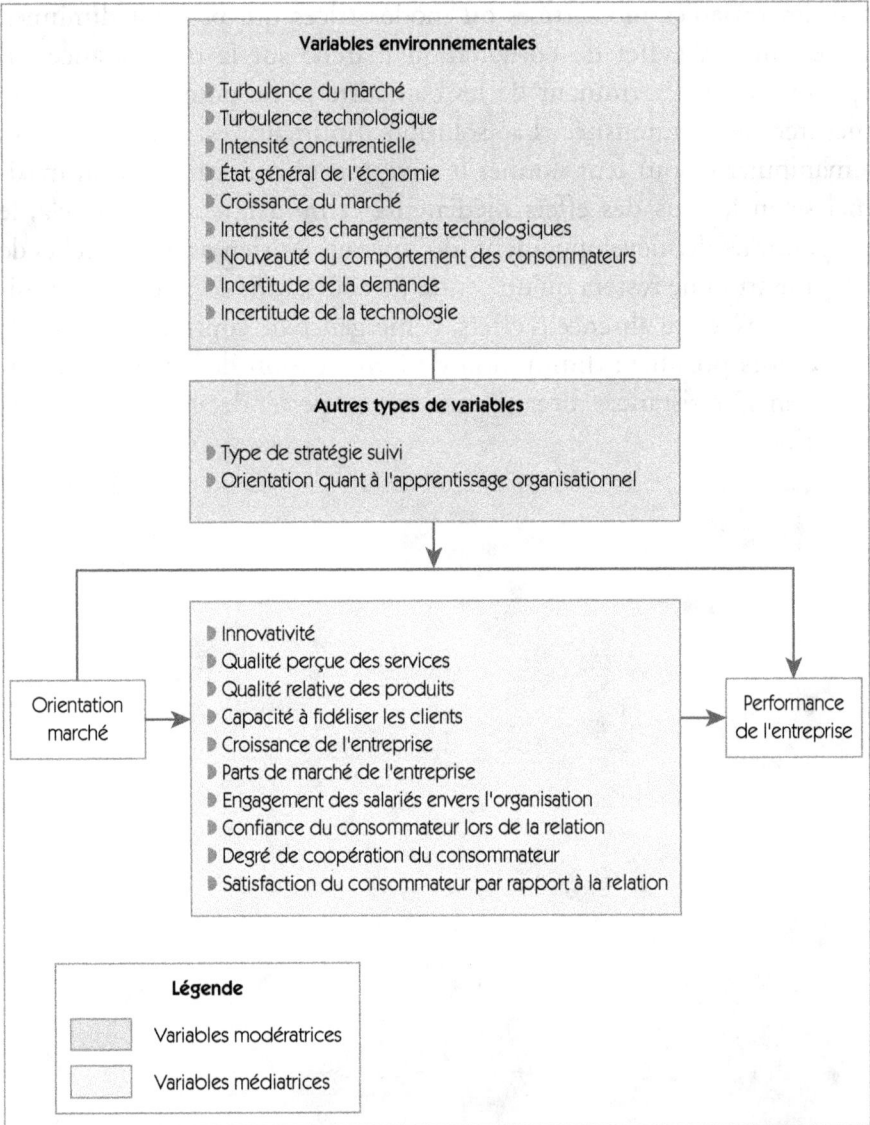

Variables environnementales

▶ Turbulence du marché
▶ Turbulence technologique
▶ Intensité concurrentielle
▶ État général de l'économie
▶ Croissance du marché
▶ Intensité des changements technologiques
▶ Nouveauté du comportement des consommateurs
▶ Incertitude de la demande
▶ Incertitude de la technologie

Autres types de variables

▶ Type de stratégie suivi
▶ Orientation quant à l'apprentissage organisationnel

Orientation marché

▶ Innovativité
▶ Qualité perçue des services
▶ Qualité relative des produits
▶ Capacité à fidéliser les clients
▶ Croissance de l'entreprise
▶ Parts de marché de l'entreprise
▶ Engagement des salariés envers l'organisation
▶ Confiance du consommateur lors de la relation
▶ Degré de coopération du consommateur
▶ Satisfaction du consommateur par rapport à la relation

Performance de l'entreprise

Légende

Variables modératrices

Variables médiatrices

**Figure 5. Synthèse des recherches sur la relation
entre l'orientation marché d'une organisation
et la performance des produits nouveaux qu'elle développe**

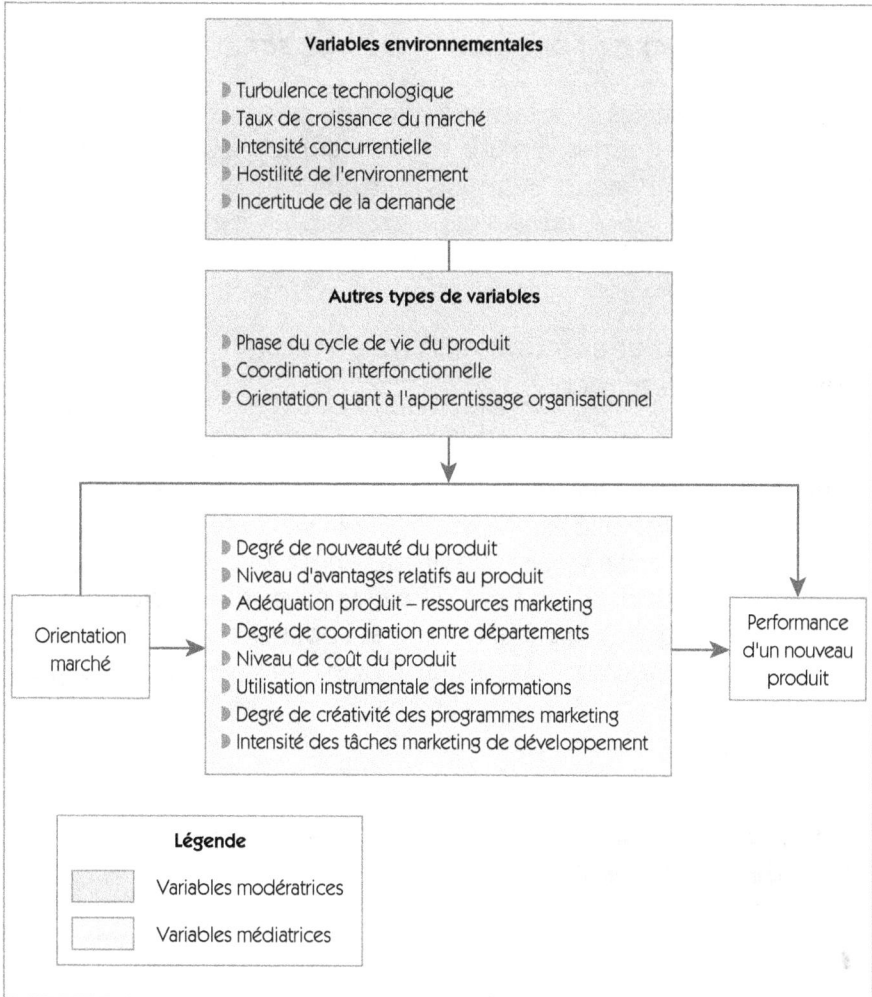

Variables environnementales

▶ Turbulence technologique
▶ Taux de croissance du marché
▶ Intensité concurrentielle
▶ Hostilité de l'environnement
▶ Incertitude de la demande

Autres types de variables

▶ Phase du cycle de vie du produit
▶ Coordination interfonctionnelle
▶ Orientation quant à l'apprentissage organisationnel

▶ Degré de nouveauté du produit
▶ Niveau d'avantages relatifs au produit
▶ Adéquation produit – ressources marketing
▶ Degré de coordination entre départements
▶ Niveau de coût du produit
▶ Utilisation instrumentale des informations
▶ Degré de créativité des programmes marketing
▶ Intensité des tâches marketing de développement

Orientation marché

Performance d'un nouveau produit

Légende

Variables modératrices

Variables médiatrices

Fiche de synthèse du chapitre 2

Quel est l'impact de l'orientation marché sur la performance ?

Les études consacrées à ce thème mettent en évidence l'existence d'un impact pour la performance d'une **organisation** et pour celle d'un **produit nouveau**. Cet impact a été mis en évidence dans différents pays, dans des secteurs variés, publics et privés, marchands et non marchands, et pour des PME comme pour des multinationales.

Pourquoi plus d'orientation marché conduit-il à plus de performance ?

Les études consacrées à ce thème ont montré que l'orientation marché a un impact sur la performance d'une **organisation** par l'intermédiaire des médiateurs. Par ailleurs, il a été montré que l'orientation marché a un impact sur la performance d'un **produit nouveau** par l'intermédiaire des médiateurs. Le niveau de ces différents médiateurs doit être accru pour que l'orientation marché ait un impact optimal sur la performance. Nous proposons pour cela une démarche en deux étapes : un diagnostic du niveau de l'organisation sur chacun de ces médiateurs, suivi d'une phase de renforcement.

Sous quelles conditions plus d'orientation marché conduit-il à plus de performance ?

Les études consacrées à ce thème ont mis en évidence les modérateurs de la relation entre l'orientation marché et la performance d'une **organisation** comme pour la relation entre l'orientation marché et la performance d'un **produit nouveau**. Le niveau de ces différents modérateurs doit être augmenté ou diminué pour que l'orientation marché ait un impact optimal sur la performance. Une démarche similaire à celle proposée pour l'accroissement du niveau des médiateurs peut être ici reprise.

Appendice 1. Orientation marché et performance d'une organisation : tableaux de synthèse des études

Tableau 7. Les recherches mettant à jour une relation positive significative entre l'orientation marché et la performance d'une organisation

Références de la recherche *	Conceptualisation retenue	Mesure de l'orientation marché	Mesure de la performance
Ruekert (1992) mène une enquête dans le secteur des hautes technologies auprès de cinq divisions opérationnelles d'une même entreprise.	L'auteur adopte une approche **comportementale** de l'orientation marché.	L'auteur utilise une échelle à trois dimensions et à 23 items. L'échelle est développée par l'auteur.	La performance est mesurée **objectivement** par la profitabilité des cinq dernières années.
Deshpandé, Farley et Webster (1993) mènent une enquête auprès de 50 quadrades (c'est-à-dire : 2 responsables achat de l'entreprise acheteuse et 2 responsables vente de l'entreprise vendeuse) appartenant au secteur industriel japonais.	Les auteurs adoptent une approche **culturelle** de l'orientation marché.	Les auteurs utilisent une échelle unidimensionnelle à 9 items. L'échelle est développée par les auteurs.	La performance est mesurée **subjectivement** en demandant aux répondants d'évaluer par rapport à leurs principaux concurrents leur taux de croissance, leur part de marché et leur profitabilité.

Références de la recherche	Conceptualisation retenue	Mesure de l'orientation marché	Mesure de la performance
Jaworski et Kohli (1993) mènent une enquête auprès de 222 divisions opérationnelles de 102 entreprises différentes (échantillon 1) et de 230 répondants appartenant à l'AMA (échantillon 2).	Les auteurs adoptent une approche **comportementale** de l'orientation marché.	Les auteurs utilisent une échelle à trois dimensions et à 32 items. L'échelle est développée par les auteurs.	La performance est mesurée **subjectivement** par la performance globale perçue par les répondants.
Slater et Narver (1993) mènent une enquête auprès de 371 répondants de 140 unités stratégiques différentes.	Les auteurs adoptent une approche **culturelle** de l'orientation marché.	Les auteurs utilisent une échelle à trois dimensions et à 14 items. L'échelle a été développée par Narver et Slater (1990).	La performance est mesurée **subjectivement** en demandant aux répondants d'évaluer par rapport à leurs principaux concurrents et sur les dernières années le niveau de leur retour sur investissements.
Slater et Narver (1994) mènent une enquête auprès de 81 divisions opérationnelles d'une entreprise d'exploitation forestière et de 36 divisions opérationnelles d'une entreprise de production de produits manufacturés.	Les auteurs adoptent une approche **culturelle** de l'orientation marché.	Les auteurs utilisent une échelle à trois dimensions et à 15 items. L'échelle a été développée par Narver et Slater (1990).	La performance est mesurée **subjectivement** en demandant aux répondants d'évaluer par rapport à leurs principaux concurrents et sur les trois dernières années leur retour sur investissements et leur taux de croissance des ventes.

Greenley (1995) mène une enquête auprès de 240 cadres d'entreprises du Royaume-Uni.	L'auteur adopte une approche **culturelle** de l'orientation marché.	L'auteur utilise une échelle à 14 items et à trois dimensions. L'échelle est développée à partir de celle de Narver et Slater (1990).	La performance est mesurée **subjectivement** en demandant aux répondants d'évaluer la performance de l'entreprise sur les trois dernières années par rapport aux concurrents sur le retour sur investissements.
Liu (1995) mène une enquête auprès de 253 directeurs marketing d'entreprises anglaises.	L'auteur ne précise pas l'approche qu'il adopte.	L'auteur mesure l'orientation marché par le nombre « d'activités marketing clés ». L'échelle est développée par l'auteur.	La performance est mesurée **objectivement** par le retour sur investissements et la croissance des bénéfices.
Raju, Lonial et Gupta (1995) mènent une enquête auprès de 293 cadres hospitaliers nord-américains.	Les auteurs adoptent une approche **comportementale** de l'orientation marché.	Les auteurs utilisent une échelle à 16 items et quatre facteurs. L'échelle est adaptée de celle développée par Kohli, Jaworski et Kumar (1993).	La performance est mesurée de **manière subjective** en demandant aux répondants d'évaluer la performance de leur hôpital sur 19 critères.
Fritz (1996) mène une enquête auprès de 144 entreprises allemandes.	L'auteur adopte une approche **culturelle** adaptée de la définition de Deshpandé et al. (1993).	L'auteur utilise une échelle unidimensionnelle à trois items. L'échelle est développée par l'auteur.	La performance est mesurée **subjectivement** en demandant aux répondants d'évaluer la capacité de l'entreprise à atteindre au cours des trois dernières années les objectifs fixés.

Références de la recherche	Conceptualisation retenue	Mesure de l'orientation marché	Mesure de la performance
Pitt, Caruana et Berthon (1996) mènent une enquête auprès de deux échantillons de 161 et 193 directeurs marketing de grandes entreprises du Royaume-Uni.	Les auteurs ne précisent pas l'approche qu'ils adoptent. Ils définissent l'orientation marché à trois niveaux (culturel, stratégique et tactique), reprenant en cela les définitions comportementales et culturelles.	Les auteurs utilisent une échelle à 20 items. L'échelle a été développée par Kohli et al. (1993).	La performance est mesurée **subjectivement** en demandant aux répondants d'évaluer les retours sur investissements, la croissance des ventes et la performance globale de l'entreprise par rapport aux concurrents au cours des cinq dernières années.
Slater et Narver (1996) mènent une enquête auprès de 228 entreprises industrielles des États-Unis.	Les auteurs adoptent une approche **culturelle** de l'orientation marché.	Les auteurs utilisent une échelle à trois dimensions et à 12 items. L'échelle est adaptée de celle de Narver et Slater (1990).	La performance est mesurée **subjectivement** en demandant aux répondants d'apprécier la performance de l'entreprise par rapport à celle de ses concurrents sur les dernières années sur le taux de croissance des ventes et le retour sur investissements.
Appiah-Adu (1997) mène une enquête auprès de 110 cadres de PME du Royaume-Uni.	L'auteur ne précise pas l'approche qu'il adopte.	L'auteur utilise l'échelle à items développée par Pelham et Wilson (1996).	La performance est mesurée **subjectivement** en demandant aux répondants d'apprécier la performance de l'entreprise sur les trois dernières années sur la croissance des ventes et le retour sur investissements.

Avlonitis et Gounaris (1997) mènent une enquête auprès de 444 entreprises grecques.	Les auteurs adoptent l'approche **comportementale** de Kohli et Jaworski (1990).	Les auteurs utilisent une échelle à trois dimensions et à 14 items. L'échelle est adaptée de celle de Kohli et Jaworski (1990).	La performance est mesurée **subjectivement** sur 8 items : les profits, le turnover annuel, la part de marché, le retour sur investissements par rapport aux objectifs fixés et par rapport aux concurrents.
Appiah-Adu et Ranchhod (1998) mènent une enquête auprès de 62 entreprises du secteur des biotechnologies.	Les auteurs ne précisent pas la conceptualisation de l'orientation marché qu'ils adoptent.	Les auteurs utilisent une échelle à 12 items. Le nombre de dimensions n'est pas précisé. L'échelle est une légère adaptation de celle développée Narver et Slater (1990).	La performance est mesurée **subjectivement** par l'appréciation des dirigeants du taux de croissance, de la part de marché, et de la performance globale de l'entreprise.
Appiah-Adu et Singh (1998) mènent une enquête auprès de 101 dirigeants d'entreprises du Royaume-Uni.	Les auteurs adoptent une approche **culturelle** de l'orientation consommateurs.	Les auteurs utilisent une échelle unidimensionnelle à 9 items. L'échelle est celle développée par Deshpandé et al. (1993).	La performance est mesurée **subjectivement** en demandant aux répondants d'évaluer la performance de l'entreprise sur les trois dernières années par rapport aux concurrents sur le taux de croissance des ventes et le retour sur investissements.

Références de la recherche	Conceptualisation retenue	Mesure de l'orientation marché	Mesure de la performance
Bhuian (1998) mène une enquête auprès de 115 entreprises industrielles d'Arabie Saoudite.	L'auteur adopte une approche **comportementale** de l'orientation marché.	L'auteur utilise une échelle à trois dimensions et à 11 items. L'échelle est développée à partir de celle de Kohli et Jaworski (1990).	La performance est mesurée **subjectivement** par l'appréciation des dirigeants de la qualité de leurs produits, de l'augmentation du chiffre d'affaires de l'entreprise, de la situation financière, de la satisfaction du consommateur et de la performance globale de l'entreprise.
Caruana, Ramaseshan et Ewing (1998) mènent une enquête auprès de 84 directeurs d'écoles ou de départements pédagogiques australiens ou néo-zélandais.	Les auteurs adoptent une approche **comportementale** de l'orientation marché.	Les auteurs utilisent une échelle à 25 items. Le nombre de dimensions n'est pas précisé. L'échelle est développée à partir de celle proposée par Kohli et al. (1993) et adaptée aux particularités du marché de l'éducation supérieure.	La performance est mesurée **subjectivement** en demandant aux répondants d'évaluer la performance globale de leur institut de formation.

Chan Hung Ngai (1998) mène une enquête auprès de 73 entreprises de Hongkong.	L'auteur retient une approche **culturelle** de l'orientation marché.	L'auteur utilise une échelle à trois dimensions et à 14 items. L'échelle utilisée est celle développée par Narver et Slater (1990).	La performance est mesurée **subjectivement** en demandant aux répondants d'évaluer la performance de leur entreprise par rapport à celle des concurrents sur les cinq dernières années, et leur satisfaction vis-à-vis des résultats de la dernière année.
Chang et Chen (1998) mènent une enquête auprès de 116 cadres d'entreprises de services taïwanaises.	Les auteurs ne précisent pas l'approche de l'orientation marché qu'ils adoptent.	Les auteurs utilisent une échelle à 18 items. Le nombre de dimensions n'est pas précisé. L'échelle est développée à partir de celle de Narver et Slater (1990).	La performance est mesurée **subjectivement** en demandant aux répondants d'évaluer le niveau de retours sur investissements de l'entreprise par rapport aux concurrents sur l'année écoulée.
Doyle et Wong (1998) mènent une enquête auprès de 344 répondants de 132 unités stratégiques d'entreprises du Royaume-Uni.	Les auteurs adoptent une approche **comportementale** de l'orientation marché.	Les auteurs utilisent une échelle à 9 items et à trois dimensions. L'échelle est celle développée par Kohli et Jaworski (1990).	La performance est mesurée par le retour sur investissements, la part de marché, le taux de croissance des ventes et par l'appréciation des managers de la performance globale.

Références de la recherche	Conceptualisation retenue	Mesure de l'orientation marché	Mesure de la performance
Gray et al. (1998) mène une enquête auprès de deux échantillons d'entreprises néo-zélandaises (échantillon 1 : 374 répondants ; échantillon 2 : 490 répondants).	Les auteurs, souhaitant développer un meilleur instrument de mesure de l'orientation marché, s'appuient sur les définitions **comportementales** et **culturelles** du concept.	Les auteurs développent une échelle à 20 items et à cinq dimensions.	La performance est mesurée **objectivement** par le retour sur investissements, et **subjectivement** par l'appréciation des répondants du niveau de notoriété de la marque, du niveau de satisfaction des consommateurs et de leur degré de fidélité.
Horng et Cheng-Hsui (1998) mènent une enquête auprès de 76 PME taïwanaises.	Les auteurs adoptent une approche **comportementale** de l'orientation marché.	Les auteurs utilisent une échelle multidimensionnelle.	La performance est mesurée **subjectivement** par l'évaluation des répondants de la performance globale.
Oczkowski et Farrell (1998) mènent une recherche auprès d'un premier échantillon de 237 entreprises du secteur public australien et d'un second échantillon du secteur privé australien.	Les auteurs adoptent une double approche **comportementale** et **culturelle**.	Les auteurs utilisent deux échelles à 14 items.	La performance est mesurée par deux items : le retour sur investissements et la performance globale. Les auteurs ne précisent pas si la mesure est objective ou subjective.
Thirkell et Dau (1998) mènent une enquête auprès de 263 entreprises exportatrices néo-zélandaises.	Les auteurs adoptent une approche **comportementale** de l'orientation marché.	Les auteurs utilisent une échelle à 10 items et à trois dimensions. L'échelle est adaptée de celle développée par Aaby et Slater (1989).	La performance à l'export est mesurée **objectivement** et **subjectivement** sur 10 items.

Van Egeren et O'Connor (1998) mènent une enquête auprès de 289 cadres de 67 entreprises de service différentes.	Les auteurs adoptent une approche **culturelle** de l'orientation marché.	Les auteurs utilisent une échelle à trois dimensions. L'échelle a été développée par Narver et Slater (1990).	La performance est mesurée **subjectivement** par la perception qu'en ont les répondants. Le détail des items n'est pas disponible dans le texte.
Baker et Sinkula (1999) mènent une enquête auprès de 411 cadres marketing.	Les auteurs adoptent une approche **culturelle** de l'orientation marché.	Les auteurs utilisent une échelle à 20 items. L'échelle a été développée par Kohli et al. (1993).	La performance est mesurée **subjectivement** en demandant aux répondants d'évaluer la performance globale et la performance relative (aux concurrents) de l'entreprise sur la dernière année.
Caruana, Ramaseshan et Ewing (1999) mènent une enquête auprès de 171 dirigeants d'entreprises australiennes.	Les auteurs adoptent l'approche **comportementale** de Kohli et Jaworski (1990).	Les auteurs utilisent une échelle à 20 items. L'échelle a été développée par Kohli et al. (1993).	La performance est mesurée **subjectivement** par l'appréciation des dirigeants sur quatre items : la performance globale de l'entreprise, l'efficacité de l'entreprise, le niveau de services aux consommateurs et le degré de maîtrise des coûts.

Références de la recherche	Conceptualisation retenue	Mesure de l'orientation marché	Mesure de la performance
Harris et Ogbonna (1999) mènent une recherche auprès de 342 entreprises du Royaume-Uni.	Les auteurs ne précisent pas l'approche retenue.	Les auteurs utilisent une échelle unidimensionnelle à 13 items. L'échelle est développée par les auteurs.	La performance est mesurée **subjectivement** par 10 items portant sur la performance globale à court terme et à long terme, et sur 5 variables : la satisfaction du consommateur, la croissance des ventes, la part de marché, l'avantage compétitif et le volume des ventes.
Dawes (2000) mène une enquête auprès de 93 entreprises australiennes.	L'auteur s'intéresse uniquement à l'orientation concurrents.	L'auteur utilise une échelle unidimensionnelle à 4 items. L'échelle est développée par l'auteur.	La performance est mesurée **subjectivement** par la profitabilité perçue de l'entreprise.
Matsuno, Mentzer et Rentz (2000) mènent une enquête auprès de 388 cadres d'entreprises américaines.	Les auteurs adoptent une approche **comportementale** de l'orientation marché.	Les auteurs développent une échelle à trois dimensions et à 22 items.	La performance est mesurée **subjectivement** en demandant aux répondants d'estimer la performance globale, la croissance de la part de marché, le pourcentage de nouveaux produits dans les ventes, la marge opérationnelle, le retour sur actifs et le retour sur investissements.

Pelham (2000) mène une enquête auprès de 160 dirigeants d'entreprises.	L'auteur adopte une approche **culturelle** de l'orientation marché.	L'auteur développe une échelle à trois dimensions et à 12 items.	La performance est mesurée **subjectivement** en demandant aux répondants d'apprécier la performance de l'entreprise par rapport à ses concurrents sur l'efficacité des ventes, la croissance de la part de marché et la profitabilité.
Pulendran, Speed et Widing (2000) mènent une enquête auprès de 105 entreprises australiennes.	Les auteurs adoptent une approche **comportementale** de l'orientation marché.	Les auteurs utilisent une échelle à trois dimensions et à 9 items. L'échelle est adaptée de celle développée par Jaworski et Kohli (1993).	La performance est mesurée **subjectivement** en demandant aux répondants d'estimer la performance globale de l'entreprise.
Slater et Narver (2000) répliquent leur enquête de 1990 auprès de 53 entreprises.	Les auteurs adoptent une approche **culturelle** de l'orientation marché.	Les auteurs utilisent une échelle à trois dimensions et à 13 items.	La performance est mesurée **subjectivement** en demandant aux répondants d'évaluer le niveau du retour sur investissements de l'entreprise au cours des trois dernières années par rapport aux principaux concurrents.

Références de la recherche	Conceptualisation retenue	Mesure de l'orientation marché	Mesure de la performance
Voss et Voss (2000) mènent une enquête auprès de 101 théâtres.	Les auteurs adoptent l'approche **culturelle** de Gatignon et Xuereb (1997).	Les auteurs utilisent une échelle à trois dimensions et à 8 items. L'échelle est développée par les auteurs.	La performance est mesurée **subjectivement** en demandant aux répondants d'évaluer la performance du théâtre sur trois items, et **objectivement** en utilisant deux items de fréquentation de la salle et deux items de performance financière de la salle.
Wood, Bhuian et Kiecker (2000) mènent une enquête auprès de 237 directeurs d'hôpitaux.	Les auteurs adoptent l'approche **comportementale** de Kohli et Jaworski (1990).	Les auteurs utilisent une échelle unidimensionnelle à 11 items. L'échelle est développée par les auteurs.	La performance est mesurée **subjectivement** en demandant aux répondants d'évaluer la performance de l'hôpital sur quatre items et sur les trois dernières années.
Subramanian et Gopalakrishna (2001) mènent une recherche auprès de 162 entreprises des secteurs public ou semi-public indiens.	Les auteurs adoptent l'approche **culturelle** de Narver et Slater (1990).	Les auteurs utilisent une échelle à trois dimensions et à 15 items. L'échelle est développée à partir de celle de Narver et Slater (1990).	La performance est mesurée **subjectivement** en demandant aux répondants d'évaluer le niveau de retour sur investissements, de croissance des ventes, de contrôle des dépenses de fonctionnement, et de fidélisation des consommateurs.

Matsuno, Mentzer et Ozsomer (2002) mènent une enquête auprès de 364 responsables marketing d'entreprises américaines.	Les auteurs adoptent l'approche **comportementale** de Kohli et Jaworski (1990).	Les auteurs utilisent une échelle à trois dimensions et à 23 items. L'échelle est développée à partir de celle de Kohli et Jaworski (1990).	La performance est mesurée **subjectivement** en demandant aux répondants d'évaluer par rapport aux concurrents le niveau de retours sur investissements, la part de marché, et le pourcentage de nouveaux produits dans les ventes totales.
Rose et Shoham (2002) mènent une enquête auprès de 124 entreprises d'export israéliennes.	Les auteurs adoptent une approche **comportementale** de l'orientation marché.	Les auteurs utilisent une échelle à trois dimensions et à 18 items. L'échelle est celle développée par Kohli et al. (1993).	La performance est mesurée **objectivement** par les profits dégagés et **subjectivement** par la satisfaction par rapport aux profits ainsi dégagés.

*   La recherche de Narver et Slater (1990) est présentée dans le texte.

Tableau 8. Les recherches mettant à jour une relation non significative entre l'orientation marché et la performance d'une organisation

Références de la recherche	Conceptualisation retenue	Mesure de l'orientation marché	Mesure de la performance
Diamantopoulos et Hart (1993) mènent une enquête auprès de 87 cadres d'entreprises du Royaume-Uni.	Les auteurs adoptent une approche **comportementale** de l'orientation marché.	Les auteurs utilisent une échelle à trois dimensions et à 12 items. L'échelle est développée par les auteurs.	La performance est mesurée **subjectivement** en demandant aux répondants d'indiquer si le taux de croissance des ventes et la marge dégagée sont inférieurs ou supérieurs à la moyenne du secteur.
Jaworski et Kohli (1993) : cf. tableau 7.	Les auteurs adoptent une approche **comportementale** de l'orientation marché.	Cf. tableau 7.	La performance est mesurée **objectivement** par la part de marché en valeur.
Greenley (1995) mène une enquête auprès de 240 cadres d'entreprises du Royaume-Uni.	L'auteur adopte une approche **culturelle** de l'orientation marché.	L'auteur utilise une échelle à 14 items et à trois dimensions. L'échelle est développée à partir de celle de Narver et Slater (1990).	La performance est mesurée **subjectivement** en demandant aux répondants d'évaluer la performance de l'entreprise sur les trois dernières années par rapport aux concurrents sur le taux de croissance des ventes.

Greenley (1995) mène une enquête auprès de 240 cadres d'entreprise du Royaume-Uni.	L'auteur ne précise pas l'approche de l'orientation marché qu'il adopte.	L'auteur utilise une échelle à 13 items. Le nombre de dimensions n'est pas précisé.	La performance est mesurée **subjectivement** en demandant aux répondants d'évaluer la performance de l'entreprise sur les trois dernières années par rapport aux concurrents sur le retour sur investissements et le taux de croissance des ventes.
Au et Tse (1995) mènent une enquête auprès de 4 directeurs d'hôtel.	Les auteurs ne précisent pas la conceptualisation de l'orientation marché qu'ils adoptent.	Les auteurs utilisent une échelle unidimensionnelle à 3 items.	La performance est mesurée de manière **objective** par le taux d'occupation de l'hôtel.
Pelham et Wilson (1996) mènent une enquête auprès de 370 entreprises des États-Unis.	Les auteurs adoptent une approche **culturelle** de l'orientation marché.	Les auteurs utilisent une échelle à 9 items. Ils ne précisent pas le nombre de dimensions de l'échelle. Celle-ci est développée à partir de celle de Pelham (1993).	La performance est mesurée **subjectivement** en demandant aux répondants d'évaluer le degré avec lequel les objectifs de croissance des ventes, de part de marché, de profitabilité ont été atteints.
Bhuian (1997) mène une enquête auprès de banques d'Arabie Saoudite.	L'auteur adopte une approche **comportementale** de l'orientation marché.	Les auteurs utilisent une échelle à 18 items et à trois dimensions. L'échelle est celle développée par Kohli et al. (1993).	La performance est mesurée **subjectivement** en demandant aux répondants d'évaluer le niveau de retour sur actifs, de retour sur ventes et de ventes par employé.

Références de la recherche	Conceptualisation retenue	Mesure de l'orientation marché	Mesure de la performance
Balabanis, Stables et Phillips (1997) mènent une enquête auprès de 58 organisations caritatives du Royaume-Uni.	Les auteurs adoptent une approche **comportementale** de l'orientation marché.	Les auteurs utilisent une échelle à 20 items et à trois dimensions. L'échelle est celle développée par Kohli et *al.* (1993).	La performance de l'organisation caritative est mesurée **subjectivement** en demandant aux répondants avec quel degré les objectifs à court terme (1 an) et à long terme (5 ans) de l'organisation sont atteints.
Pelham (1997) mène une enquête auprès de 160 PME appartenant à des secteurs économiques divers.	L'auteur adopte une approche **culturelle** de l'orientation marché	L'auteur utilise une échelle à trois dimensions et à 9 items. L'échelle est développée à partir des échelles de Kohli et Jaworski et de Narver et Slater.	La performance est mesurée **objectivement** par le volume des ventes, le taux de croissance des ventes et la part de marché.
Appiah-Adu (1998) mène une enquête auprès de 74 cadres d'entreprises du Ghana.	L'auteur adopte une approche **culturelle** de l'orientation marché.	L'auteur utilise une échelle à 11 items. Le nombre de dimensions n'est pas précisé. L'échelle est développée à partir de celles de Narver et Slater (1990) et de Golden et *al.* (1995)	La performance est mesurée **subjectivement** en demandant aux répondants d'évaluer le niveau du retour sur investissements et de croissance des ventes de l'entreprise au cours des trois dernières années par rapport aux principaux concurrents.

Han, Kim et Srivastava (1998) mènent une enquête auprès de 134 banques.	Les auteurs adoptent une approche **culturelle** de l'orientation marché.	Les auteurs utilisent une échelle à trois dimensions et à 15 items. L'échelle est développée à partir de celle de Narver et Slater (1990).	La performance est mesurée de manière **objective** par le taux de croissance du résultat net.
Oczkowski et Farrell (1998) : cf. tableau 7.	Les auteurs adoptent une double approche **comportementale** et **culturelle.**	Cf. tableau 7.	La performance est mesurée par deux items : la fidélisation des consommateurs et la croissance des ventes. Les auteurs ne précisent pas si la mesure est objective ou subjective.
Tse (1998) conduit une série de 13 entretiens avec des dirigeants d'entreprise appartenant à des secteurs économiques divers.	L'auteur ne précise pas la conceptualisation de l'orientation marché qu'il adopte.	L'auteur évalue le degré d'orientation marché par les réponses des répondants à une version modifiée du questionnaire établi par Kotler (1977).	La performance est mesurée **objectivement** par sept indicateurs de la performance financière et commerciale de l'entreprise.
Caruana, Pitt et Berthon (1999) mènent une enquête auprès de 161 répondants de 161 entreprises appartenant à des secteurs économiques divers.	Les auteurs adoptent une approche **comportementale** de l'orientation marché.	Les auteurs utilisent une échelle à trois dimensions et à 32 items. L'échelle est développée à partir de celle de Jaworski et Kohli (1993).	La performance est mesurée grâce à l'échelle de Dess et Robinson (1984).

Références de la recherche	Conceptualisation retenue	Mesure de l'orientation marché	Mesure de la performance
Sargeant et Mohamad (1999) mènent une enquête auprès de 86 hôtels du Royaume-Uni.	Les auteurs adoptent l'approche **culturelle** de Narver et Slater (1990).	Les auteurs utilisent une échelle à trois dimensions et à 9 items. L'échelle est celle développée par Parasuraman et *al.* (1993).	La performance est mesurée par le taux de licenciements et la profitabilité. Les auteurs ne précisent pas si la mesure est objective ou subjective.
Grewal et Tansuhaj (2001) mènent une enquête auprès de 120 cadres thaïlandais étudiant dans un programme MBA.	Les auteurs adoptent l'approche **comportementale** de Kohli et Jaworski (1990).	Les auteurs utilisent une échelle à quatre dimensions et à 31 items. L'échelle est adaptée de celle développée par Kohli et Jaworski (1990).	La performance après la crise est mesurée **subjectivement** par la satisfaction des répondants par rapport à l'atteinte des objectifs de retour sur investissements, de ventes, de profits et de croissance.
Harris (2001) mène une enquête auprès de 241 cadres d'entreprises britanniques.	L'auteur adopte l'approche **culturelle** de Narver et Slater (1990).	L'auteur utilise une échelle à trois dimensions et à 15 items. L'échelle est développée à partir de celle de Narver et Slater (1990).	La performance est mesurée **subjectivement** en demandant aux répondants d'évaluer le niveau de retours sur investissements et de croissance des ventes par rapport aux concurrents sur les trois dernières années. La performance est par ailleurs mesurée **objectivement** sur les mêmes items.

Rose et Shoham (2002) : cf. tableau 7.	Les auteurs adoptent une approche **comportementale** de l'orientation marché.	Cf. tableau 7.	La performance est mesurée **objectivement** et **subjectivement** par la part de marché et la croissance de la part de marché sur les cinq dernières années.
Langerak et al. (2004) mènent une enquête auprès de 211 entreprises industrielles allemandes.	Les auteurs adoptent une approche **culturelle** de l'orientation marché.	L'orientation marché est mesurée grâce à l'échelle développée par Narver et Slater (1990).	La performance est mesurée **subjectivement** par six items de performance financière et commerciale relativement à la performance des concurrents.

Tableau 9. Les variables médiatrices de la relation entre l'orientation marché et la performance d'une organisation

Références de la recherche	Conceptualisation retenue	Mesures retenues	Variables médiatrices identifiées
Pelham (1997) : cf. tableau 8.	L'auteur adopte une approche **culturelle** de l'orientation marché	Cf. tableau 8.	• L'innovativité.
Chang et Chen (1998) : cf. tableau 7.	Les auteurs ne précisent pas l'approche de l'orientation marché qu'ils adoptent.	Cf. tableau 7.	• Le niveau de qualité perçue du service.
Han, Kim et Srivastava (1998) : cf. tableau 8.	Les auteurs adoptent une approche **culturelle** de l'orientation marché.	Cf. tableau 8.	• La qualité relative des produits ; • La capacité à fidéliser des clients ; • La croissance de l'entreprise ; • La part de marché de l'entreprise.
Caruana, Ramaseshan et Ewing (1999) : cf. tableau 7.	Les auteurs adoptent une approche **comportementale** de l'orientation marché.	Cf. tableau 7.	• L'engagement des salariés envers l'organisation.

Langerak (2001) mène une enquête auprès de 331 entreprises industrielles allemandes.	L'auteur s'intéresse uniquement à l'orientation consommateurs des vendeurs.	La variable est mesurée par une échelle unidimensionnelle à 12 items. L'échelle est développée par Michaels et Day (1985). La performance est mesurée subjectivement sur 4 items.	• La confiance du consommateur lors de la relation commerciale ; • Le degré de coopération du consommateur lors de la relation ; • La satisfaction du consommateur vis-à-vis de la relation.
Gainer et Padanyi (2002) mènent une enquête auprès de 138 organisations caritatives ou culturelles.	Les auteurs adoptent une approche **culturelle** de l'orientation marché.	L'orientation marché est mesurée par une échelle à trois dimensions et à 12 items. L'échelle est développée à partir de celle de Narver et Slater (1990). La performance est mesurée subjectivement par la croissance des ressources sur les cinq dernières années. Le nombre d'items n'est pas précisé.	• La croissance de la satisfaction des consommateurs ; • La croissance de la notoriété.

Tableau 10. Les variables modératrices de la relation entre l'orientation marché et la performance d'une organisation

Références de la recherche	Conceptualisation retenue	Mesures retenues	Variables modératrices identifiées
Kohli et Jaworski (1990) mènent une étude exploratoire qualitative auprès de 62 cadres d'entreprise.	Les auteurs adoptent une approche **comportementale** de l'orientation marché.	L'enquête est de type qualitatif.	• La turbulence du marché ; • La turbulence technologique ; • L'intensité concurrentielle ; • L'état général de l'économie.
Slater et Narver (1993) : cf. tableau 7.	Les auteurs adoptent une approche **culturelle** de l'orientation marché.	Cf. tableau 7.	• Le type de stratégie suivie.
Slater et Narver (1994) : cf. tableau 7.	Les auteurs adoptent une approche **culturelle** de l'orientation marché.	cf. tableau 7.	• La turbulence du marché (la performance étant mesurée par le retour sur investissements) ; • La croissance du marché (la performance étant mesurée par le taux de croissance des ventes).
Appiah-Adu (1997) : cf. tableau 7.	L'auteur ne précise pas l'approche adoptée.	cf. tableau 7.	• La turbulence du marché ; • L'intensité concurrentielle ; • La croissance du marché.

Appiah-Adu (1998) : cf. tableau 8.	L'auteur adopte une approche **culturelle** de l'orientation marché.	Cf. tableau 8.	• L'intensité concurrentielle est identifiée comme modérateur lorsque la performance est mesurée par le taux de croissance des ventes ; • Le dynamisme du marché est identifié comme modérateur lorsque la performance est mesurée par le retour sur investissements.
Bhuian (1998) : cf. tableau 7.	L'auteur adopte une approche **comportementale** de l'orientation marché.	Cf. tableau 7.	• La turbulence du marché ; • L'intensité concurrentielle ; • La turbulence technologique.
Doyle et Wong (1998) : cf. tableau 7.	Les auteurs adoptent une approche **comportementale** de l'orientation marché.	Cf. tableau 7.	• L'hostilité concurrentielle ; • L'intensité des changements technologiques ; • Le degré de nouveauté du comportement des nouveaux consommateurs.
Baker et Sinkula (1999) : cf. tableau 7.	Les auteurs adoptent une approche **culturelle** de l'orientation marché.	Cf. tableau 7.	• L'orientation de l'organisation quant à l'apprentissage organisationnel.
Matsuno et Mentzer (2000) : cf. tableau 7.	Les auteurs adoptent une approche **comportementale** de l'orientation marché.	Cf. tableau 7.	• Le type de stratégie suivie.
Pulendran, Speed et Widing (2000) : cf. tableau 7.	Les auteurs adoptent une approche **comportementale** de l'orientation marché.	Cf. tableau 7.	• La turbulence du marché ; • L'intensité concurrentielle ; • La turbulence technologique.

Références de la recherche	Conceptualisation retenue	Mesures retenues	Variables modératrices identifiées
Grewal et Tansuhaj (2001) : cf. tableau 8.	Les auteurs adoptent une approche **comportementale** de l'orientation marché.	Cf. tableau 8.	• L'intensité concurrentielle ; • L'incertitude de la demande ; • L'incertitude de la technologie.
Harris (2001) : cf. tableau 8.	L'auteur adopte l'approche **culturelle** de Narver et Slater (1990).	Cf. tableau 8.	• La turbulence du marché ; • La turbulence technologique ; • L'hostilité concurrentielle.
Rose et Shoham (2002) : cf. tableau 7.	Les auteurs adoptent une approche **comportementale** de l'orientation marché.	Cf. tableau 7.	• La turbulence technologique.

96

Appendice 2. Orientation marché et performance d'un produit nouveau : tableaux de synthèse des études

Tableau 11. Les recherches mettant à jour une relation positive significative entre l'orientation marché et la performance d'un produit nouveau

Références de la recherche	Conceptualisation retenue	Mesure de l'orientation marché	Mesure de la performance
Slater et Narver (1994) : cf. tableau 7.	Les auteurs adoptent une approche **culturelle** de l'orientation marché.	Cf. : tableau 7.	La performance du nouveau produit est mesurée **subjectivement** par le succès perçu des nouveaux produits développés par rapport à ceux des concurrents.
Atuahene-Gima (1995) : mène une enquête auprès de 275 entreprises australiennes.	L'auteur adopte une approche **comportementale** de l'orientation marché.	L'auteur mesure l'orientation marché par une échelle à trois dimensions et à 23 échelons. L'échelle est développée par l'auteur.	L'auteur distingue deux dimensions de la performance du produit nouveau : • la **performance marché :** l'échelle est composée de 4 items mesurant le degré avec lequel le nouveau produit atteint les objectifs fixés ; • la **performance projet :** l'échelle est composée de 6 items reflétant le degré avec lequel le nouveau produit conduit à des opportunités.
Pelham et Wilson (1996) : cf. tableau 8.	Les auteurs adoptent une approche **culturelle** de l'orientation marché	Cf. tableau 8.	La performance du produit nouveau est mesurée **subjectivement** par les réponses des dirigeants à deux questions évaluant si les performances obtenues sont inférieures ou supérieures aux prévisions.

Références de la recherche	Conceptualisation retenue	Mesure de l'orientation marché	Mesure de la performance
Appiah-Adu (1997) : cf. tableau 7.	L'auteur ne précise pas l'approche adoptée.	Cf. tableau 7.	La performance des produits nouveaux est mesurée **subjectivement** en demandant aux répondants d'apprécier sur les trois dernières années le succès des produits développés par rapport à ceux des concurrents.
Pelham (1997) : cf. tableau 8.	L'auteur adopte une approche **culturelle** de l'orientation marché	Cf. tableau 8.	La performance du produit nouveau est évaluée **subjectivement**. L'échelle de mesure n'est pas détaillée.
Appiah-Adu et Singh (1998) : cf. tableau 7.	Les auteurs adoptent une approche **culturelle** de l'orientation consommateurs.	Cf. tableau 7.	La performance est mesurée **subjectivement** en demandant aux répondants d'évaluer le taux de succès des produits nouveaux sur les trois dernières années par rapport aux concurrents.
Oczkowski et Farrell (1998) : cf. tableau 7.	Les auteurs adoptent une double approche **comportementale** et **culturelle**.	Cf. tableau 7.	La performance est mesurée par le succès du produit nouveau. Les auteurs ne précisent pas davantage la mesure utilisée, et en particulier si elle est objective ou subjective.
Baker et Sinkula (1999) : cf. tableau 7.	Les auteurs adoptent une approche **culturelle** de l'orientation marché.	Cf. tableau 7.	La performance du produit nouveau est évaluée **subjectivement** en demandant aux répondants d'évaluer la performance du produit au cours des trois dernières années sur 5 items.

Wren, Souder et Berkowitz (2000) mènent une enquête auprès de directeurs marketing d'entreprises appartenant à 6 pays : États-Unis, Nouvelle-Zélande, Corée, Belgique, Norvège et Suède.	Les auteurs testent l'impact de l'orientation consommateurs. Ils adoptent une approche **comportementale.**	Les auteurs mesurent l'orientation consommateurs par une échelle unidimensionnelle à 2 items adaptée de Deshpandé et *al.* (1993).	La performance du produit nouveau est évaluée **subjectivement** en demandant aux répondants d'évaluer le degré de succès commercial du produit.
Kahn (2001) mène une enquête auprès de 156 cadres d'entreprises industrielles des États-Unis.	L'auteur adopte une approche **culturelle** de l'orientation marché.	L'auteur mesure l'orientation marché grâce à l'échelle développée par Narver et Slater (1990).	La performance du produit nouveau est mesurée **subjectivement** en demandant aux répondants d'évaluer la performance du processus de développement sur une échelle de 0 à 100 % où 100 % représentent la performance optimale. L'auteur distingue les activités antérieures au lancement du produit, les activités de lancement et les activités postérieures.
Subramanian et Gopalahrishna (2001) : cf. tableau 5.	Les auteurs adoptent une approche **culturelle** de l'orientation marché.	Cf. tableau 7.	La performance du produit nouveau est mesurée **subjectivement** en demandant aux répondants d'indiquer les critères de performance utilisés puis d'évaluer le produit sur chacun de ces critères.

Tableau 12. Les recherches mettant à jour une relation non significative entre l'orientation marché et la performance d'un produit nouveau

Références de la recherche	Conceptualisation retenue	Mesure de l'orientation marché	Mesure de la performance
Greenley (1995 a) : cf. tableau 7.	L'auteur adopte une approche **culturelle** de l'orientation marché.	Cf. tableau 7.	La performance est mesurée **subjectivement** en demandant aux répondants d'évaluer le taux de succès des produits nouveaux sur les trois dernières années par rapport aux produits concurrents.
Greenley (1995 b) : cf. tableau 8.	L'auteur ne précise pas l'approche de l'orientation marché qu'il adopte.	Cf. tableau 8.	La performance est mesurée **subjectivement** en demandant aux répondants d'évaluer le taux de succès des produits nouveaux sur les trois dernières années par rapport aux produits concurrents.
Appiah-Adu et Ranchhod (1998) : cf. tableau 7.	Les auteurs ne précisent pas la conceptualisation de l'orientation marché qu'ils adoptent.	Cf. tableau 7.	La performance du produit nouveau est mesurée **subjectivement** par les évaluations des répondants du succès du nouveau produit relativement à celui des produits concurrents.
Kahn (2001) : cf. tableau 11.	L'auteur adopte une approche **culturelle** de l'orientation **concurrents.**	L'orientation concurrents est mesurée grâce à l'échelle développée par Narver et Slater (1990).	Cf. tableau 11.
Langerak et al. (2004) : cf. tableau 8.	Les auteurs adoptent une approche **culturelle** de l'orientation marché.	Cf. tableau 8.	La performance du produit nouveau est mesurée **subjectivement** grâce à l'échelle développée par Griffin et Page (1993, 1996).

Tableau 13. Les variables modératrices de la relation entre l'orientation marché et la performance d'un produit nouveau

Références de la recherche	Conceptualisation retenue	Mesures retenues	Variables modératrices identifiées
Slater et Narver (1994) : cf. tableau 7.	Les auteurs adoptent une approche **culturelle** de l'orientation marché.	Cf. tableau 7.	• La turbulence technologique ; • Le taux de croissance du marché.
Atuahene-Gima (1995) : cf. tableau 11.	L'auteur adopte une approche **comportementale** de l'orientation marché.	Cf. tableau 11.	• L'intensité concurrentielle ; • L'hostilité de l'environnement ; • La phase du cycle de vie du produit.
Gatignon et Xuereb (1997) mènent une enquête auprès de 393 cadres marketing d'entreprises des États-Unis.	Les auteurs adoptent une approche **culturelle** de l'orientation marché et distinguent trois orientations stratégiques de l'entreprise : l'orientation consommateurs, l'orientation concurrents et l'orientation technologie.	La performance du produit nouveau est évaluée subjectivement par les mesures perçues du retour sur investissements relativement aux autres nouveaux produits de l'entreprise, du retour sur investissements relativement aux produits concurrents et du degré avec lequel le produit nouveau a atteint les objectifs fixés.	• L'incertitude de la demande ; • La coordination interfonctionnelle.

Références de la recherche	Conceptualisation retenue	Mesures retenues	Variables modératrices identifiées
Baker et Sinkula (1999) : cf. tableau 7.	Les auteurs adoptent une approche **culturelle** de l'orientation marché.	Cf. tableau 7.	• L'orientation de l'organisation quant à l'apprentissage organisationnel.
Gotteland (2003) mène une enquête auprès de 142 chefs de produit ou directeurs commerciaux d'entreprises appartenant aux 58 branches industrielles françaises.	L'auteur adopte une approche **culturelle** de l'orientation marché.	La performance du produit nouveau est mesurée par l'échelle de Song et Parry (1997).	• Le dynamisme de l'environnement ; • La complexité de l'environnement ; • La capacité de l'environnement.

Tableau 14. Les variables médiatrices de la relation orientation marché-performance d'un produit nouveau

Références de la recherche	Conceptualisation retenue	Mesures retenues	Variables médiatrices identifiées
Atuahene-Gima (1995) : cf. tableau 11.	L'auteur adopte une approche **comportementale** de l'orientation marché.	Cf. tableau 11.	• La nouveauté du produit pour les consommateurs (pas dans les services) ; • Le niveau d'avantage relatif du produit ; • L'adéquation entre l'innovation et les compétences et ressources du service marketing ; • La coordination et la coopération entre les départements lors du développement (pas dans les services).
Gatignon et Xuereb (1997) : cf. tableau 13.	Cf. tableau 13.	Cf. tableau 13.	• Le niveau d'avantage relatif du produit nouveau ; • Le degré de nouveauté du produit ; • Le coût du nouveau produit.

Références de la recherche	Conceptualisation retenue	Mesures retenues	Variables médiatrices identifiées
Gotteland (2003) : cf. tableau 13.	Cf. tableau 13.	Cf. tableau 13.	• L'utilisation instrumentale des informations disponibles au cours du processus de développement.
Im et Workman (2004) mènent une enquête auprès de 312 cadres marketing et chefs de produits appartenant à des entreprises high-tech nord-américaines.	Les auteurs adoptent une approche **culturelle** de l'orientation marché.	Les auteurs mesurent l'orientation marché par l'échelle développée par Narver et Slater (1990) et la performance d'un produit nouveau par celle de Song et Parry (1997).	• Le degré de créativité des programmes marketing.
Langerak et al. (2004) : cf. tableau 8.	Cf. tableau 8.	Cf. tableau 8.	• L'intensité des tâches de développement : tests de marché, construction du budget, segmentation, ciblage, positionnement, mix ; • Avantage produit.

Chapitre 3

Comment mesurer
le degré d'orientation marché
d'une organisation ?

Les deux chapitres précédents ont permis de franchir les deux premières étapes du diagnostic. Ce troisième chapitre vise à franchir la dernière. Après avoir indiqué la culture et les comportements qu'une organisation soucieuse d'accroître son niveau d'orientation marché doit développer au cours du chapitre 1, après avoir présenté les caractéristiques qu'elle doit posséder au chapitre 2, il s'agit à présent d'indiquer comment elle peut **mesurer** son niveau d'orientation marché. Réaliser une telle mesure permettra de connaître le niveau initial d'orientation marché de l'organisation, ainsi que l'évolution de ce niveau dans le temps, suites aux actions menées par l'organisation pour l'augmenter. Cela permettra de contrôler l'efficacité de ces actions et de la comparer à leurs coûts. Afin d'être le plus complet et le plus précis possible, nous souhaitons répondre au cours de ce chapitre à deux questions complémentaires :

▪ **Quels sont les instruments de mesure existants du degré d'orientation marché d'une organisation ?** Répondre à cette question conduira à présenter les échelles qui sont aujourd'hui les plus utilisées et les plus performantes. Celles-ci ont été développées dans des contextes commerciaux précis. Il se peut qu'elles soient inadaptées à la variété des conditions commerciales. Nous indiquerons par conséquent dans un second temps comment développer une échelle de mesure originale, propre à une organisation.

▪ **Comment vérifier la qualité d'une échelle de mesure de l'orientation marché ?** S'il est facile de mesurer, il est difficile de le faire de manière fiable et valide. Répondre à cette seconde question permettra par conséquent de présenter la démarche à suivre pour vérifier la qualité de la mesure du niveau d'orientation marché d'une organisation.

Nous nous situons ici, comme l'illustre la figure ci-après, dans la troisième étape de l'opérationnalisation du concept.

Chapitre	Phase	Questions opérationnelles abordées
1	① Phase de **diagnostic**	• Quelle **culture** doit développer une organisation qui veut être davantage orientée marché ? • Quels **comportements** doit-elle favoriser ? • Quelles **caractéristiques** doit-elle posséder ?
2		• Quelles **conditions** doivent être respectées pour que plus d'orientation marché conduise à plus de performance ?
3		• Comment **mesurer et contrôler** le niveau d'orientation marché d'une organisation ?
4	② Phase de **mise en œuvre**	• Comment **implémenter** l'orientation marché dans une organisation ? Quelle méthode faut-il suivre ?

Quelles sont les échelles de mesure du degré d'orientation marché d'une organisation ?

Trois points seront abordés ici. Dans un premier temps, nous définirons rapidement ce que signifie « mesurer ». Dans un second temps, nous présenterons les deux principales échelles de mesure de l'orientation marché aujourd'hui disponibles. Enfin, nous détaillerons la démarche à suivre pour développer une échelle de mesure originale, adaptée au contexte particulier d'une organisation.

Que signifie « mesurer » ?

Mesurer revient à donner une équivalence numérique normée à l'existence ou à l'intensité d'un phénomène. Cela est vrai pour des phénomènes observables, qui ont une manifestation physique telle que l'achat, mais aussi pour des phénomènes non observables, ceux qui sont le plus souvent rencontrés en gestion, tels que l'intention d'achat.

On cherche à mesurer l'intensité de l'intention d'achat d'un produit nouveau, un phénomène non directement observable. Un instrument de mesure est pour cela développé qui l'évalue sur une échelle de 1 à 10, où 1 représente l'intention d'achat la plus faible et 10 la plus forte. Si un consommateur a une intention d'achat très faible dans la réalité, l'équivalence numérique donnée par l'échelle devrait être de 1 ou de 2 ; s'il a au contraire une intention d'achat très forte, l'équivalence numérique devrait être de 9 ou de 10.

En gestion, les phénomènes à mesurer sont souvent complexes. Ils présentent dans de nombreux cas différentes facettes. L'orientation marché comporte par exemple deux facettes distinctes : il s'agit à la fois d'une culture organisationnelle et d'un ensemble de comportements organisationnels ayant trait au traitement de l'information. Aussi, un instrument de mesure doit souvent être composé de plusieurs questions, ou items, qui appréhendent globalement la complexité du phénomène étudié. On parle dans ce cas d'échelle « multi-items ». Les échelles de mesure de l'orientation marché n'échappent pas à cette règle.

Quelles sont les échelles de mesure de l'orientation marché ?

Le chapitre 1 nous a permis de distinguer deux approches complémentaires de l'orientation marché : l'approche culturelle et l'approche comportementale. La coexistence de ces deux approches a conduit au développement de deux familles d'échelle de mesure, chacune étant dédiée à une approche particulière. De nombreux instruments ont été proposés dans chaque famille. Les tableaux de synthèse du chapitre 2 en proposent un bon aperçu. Malgré cette diversité, deux instruments se détachent en raison de leur plus large diffusion. Pour l'approche culturelle, il s'agit de l'échelle proposée par Narver et Slater (1990) ; pour l'approche comportementale, de celle développée par Kohli et Jaworski (1990). L'utilisation conjointe de ces deux échelles permet de faire un double diagnostic de la culture et des comportements actuels d'orientation marché d'une organisation. Nous détaillons ci-après l'échelle de Narver et Slater, puis celle de Kohli et Jaworski, avant de faire quelques commentaires sur ces deux instruments et sur leur utilisation.

L'échelle de Narver et Slater (1990) et ses compléments

L'approche culturelle distingue cinq dimensions de l'orientation marché : l'orientation vers les consommateurs, l'orientation vers les concurrents, l'orientation vers la technologie, l'orientation vers les distributeurs et l'orientation vers les fournisseurs. Narver et Slater proposent une échelle de mesure pour les deux premières dimensions :

Items de mesure de l'orientation vers les consommateurs de Narver et Slater

Item 1 : « Les objectifs de notre entreprise sont d'abord guidés par la satisfaction des consommateurs. »

Item 2 : « Nous vérifions constamment notre niveau d'engagement et notre orientation vers la satisfaction des consommateurs. »

Item 3 : « La stratégie concurrentielle de notre entreprise est fondée sur la compréhension des besoins des consommateurs. »

Item 4 : « La stratégie de notre entreprise est déterminée par sa capacité à créer une valeur supérieure pour les consommateurs. »

Item 5 : « Nous mesurons systématiquement et fréquemment la satisfaction des consommateurs. »

Item 6 : « Nous portons une attention particulière au service après-vente. »

Items de mesure de l'orientation
vers les concurrents de Narver et Slater

Item 1 : « Nos vendeurs partagent régulièrement les informations qu'ils détiennent sur les stratégies des concurrents. »

Item 2 : « Nous répondons rapidement aux actions des concurrents qui nous menacent. »

Item 3 : « Nos cadres dirigeants discutent régulièrement des stratégies et des forces des concurrents. »

Item 4 : « Nous ciblons les consommateurs pour lesquels nous avons une opportunité davantage concurrentielle. »

Gatignon et Xuereb (1997) enrichissent les échelles de mesure développées par Narver et Slater en proposant un instrument d'évaluation de l'orientation vers la technologie :

Items de mesure de l'orientation
vers la technologie de Gatignon et Xuereb

Item 1 : « Notre entreprise cherche à développer des produits utilisant des technologies récentes. »

Item 2 : « Les produits développés par notre entreprise sont toujours à la pointe de la technologie. »

Item 3 : « Notre entreprise cherche à modifier ses produits en fonction des nouvelles technologies disponibles. »

Item 4 : « Notre entreprise accorde beaucoup d'importance à la recherche et développement. »

Lambin (2002) enrichit les échelles de mesure présentées précédemment en proposant un instrument d'évaluation de l'orientation vers les distributeurs :

Items de mesure de l'orientation vers les distributeurs de Lambin

Item 1 : « Nous analysons systématiquement les besoins actuels et nouveaux de nos distributeurs. »

Item 2 : « Nous mesurons régulièrement le niveau de satisfaction de nos distributeurs et l'image qu'ils ont de notre entreprise. »

Item 3 : « Nous analysons régulièrement la compatibilité de notre stratégie avec les objectifs de nos distributeurs. »

Item 4 : « Nos dirigeants sont personnellement impliqués dans les contacts avec nos distributeurs. »

Pour la mesure de **l'orientation vers les fournisseurs**, aucune échelle n'est à notre connaissance disponible. L'organisation intéressée par une telle mesure devra développer un instrument original. Nous détaillons plus loin la méthode à suivre pour ce faire. Les items développés par Lambin nous paraissent transférables. Nous proposons de remplacer « distributeurs » par « fournisseurs ».

L'échelle de Kohli et Jaworski (1990)

L'approche comportementale de Kohli et Jaworski (1990) distingue trois comportements caractéristiques d'une entreprise orientée marché : l'acquisition d'informations, la diffusion de ces informations dans l'entreprise et la réaction de l'entreprise à ces informations. Les informations portent uniquement sur les consommateurs et les concurrents. Ils développent une échelle de mesure pour chacune de ces trois dimensions. Les items proposés sont les suivants :

Items de mesure de l'acquisition d'informations

Item 1 : « Au sein de cette unité stratégique, nous rencontrons les consommateurs au moins une fois par an pour savoir de quels produits ou de quels services ils auraient besoin dans le futur. »

Item 2 : « Au sein de cette unité stratégique, nous réalisons un nombre important d'études de marché en interne. »

Item 3 : « Nous sommes lents à détecter les changements de préférences de nos consommateurs. » (Item **inversé**)

Item 4 : « Nous réunissons nos consommateurs finaux au moins une fois par an pour vérifier la qualité de nos produits et de nos services. »

Item 5 : « Nous sommes lents à identifier les changements fondamentaux dans notre secteur (concurrentiels, technologiques, juridiques). » (Item **inversé**)

Item 6 : « Nous vérifions régulièrement les effets des changements de l'environnement sur les consommateurs. »

Items de mesure de la diffusion des informations acquises

Item 1 : « Nous avons des réunions entre départements au moins une fois par trimestre pour discuter des tendances du marché et de son développement. »

Item 2 : « Le département marketing passe du temps à discuter des futurs besoins des consommateurs avec d'autres départements. »

Item 3 : « Lorsque quelque chose d'important survient sur un marché ou concerne un consommateur majeur, l'ensemble des unités stratégiques le sait dans un court laps de temps. »

Item 4 : « Les données sur la satisfaction des consommateurs sont régulièrement diffusées à tous les niveaux de cette unité stratégique. »

Item 5 : « Lorsqu'un département apprend quelque chose d'important sur les concurrents, il lui faut peu de temps pour en avertir les autres. »

Item 6 : « Il nous faut beaucoup de temps pour décider comment répondre aux changements de prix de nos concurrents. » (Item **inversé**)

Items de mesure de la réaction (ou utilisation) aux informations acquises et diffusées

Item 1 : « Quelle qu'en soit la raison, nous avons tendance à ignorer les changements de besoins de nos consommateurs. » (Item **inversé**)

Item 2 : « Nous révisons régulièrement nos objectifs de développement de produits pour nous assurer qu'ils sont en accord avec ce que les consommateurs veulent. »

Item 3 : « Plusieurs départements se réunissent régulièrement pour trouver une réponse aux changements ayant lieu dans notre environnement. »

Item 4 : « Si un concurrent majeur était sur le point de lancer une campagne intensive ciblée sur nos consommateurs, nous répondrions immédiatement. »

Item 5 : « Lorsque nous découvrons que les consommateurs aimeraient que nous modifiions un produit ou un service, les départements impliqués font des efforts concertés pour le faire. »

Quelques commentaires

Quatre remarques sont ici utiles pour mieux expliquer comment utiliser les échelles précédemment présentées.

Les modalités de réponse

Trois choix doivent ici être effectués :

- Il faut en premier lieu choisir entre deux types de modalités, soit d'intervalle, soit binomiales. Une mesure d'intervalle permet de connaître l'intensité des phénomènes étudiés. Une modalité binomiale, du type « oui/non », qualifie l'existence des phénomènes. Les mesures d'intervalle peuvent toujours être recodées en modalités binomiales et permettent par ailleurs un plus grand nombre de traitements statistiques, notamment pour la vérification de la fiabilité et de la validité d'une échelle de mesure. Elles doivent par conséquent être privilégiées.

- Se pose alors, en second lieu, la question du nombre de modalités à fixer. Il est depuis longtemps recommandé de ne pas recourir à moins de 5 et pas à plus de 10, avec une plus grande préconisation pour un nombre variant entre 5 et 7 (Miller, 1956). Par ailleurs, retenir un nombre pair de modalités conduit à la non-utilisation d'un terme médian, du type « moyennement d'accord », qui sert souvent de modalité de refuge. Cela présente par conséquent comme avantage de contraindre la personne interrogée à répondre. Retenir au contraire un nombre impair conduit, d'après notre expérience, à mieux respecter l'hypothèse d'égalité des intervalles entre modalités. Cette hypothèse doit être respectée pour pouvoir considérer la mesure comme d'intervalle. Faut-il alors retenir un nombre pair ou impair ? Nous recommandons l'utilisation d'un nombre pair, avec ajout d'une modalité « ne sait pas ».

- En dernier lieu, il faut enfin spécifier la formulation des modalités. Notre expérience montre que les items classiquement utilisés (de « tout à fait en désaccord » à « tout à fait d'accord ») ne sont pas les plus performants dans le cadre de la mesure du concept d'orientation marché. Nous recommandons la formulation suivante :

Modalités de réponse

L'affirmation « les objectifs de notre entreprise sont d'abord guidés par la satisfaction du consommateur » caractérise notre entreprise :

- Très mal
- Mal
- Plutôt mal
- Plutôt bien
- Bien
- Très bien
- *Ne sait pas ou ne se prononce pas*

Cet exemple porte sur le premier item de l'échelle de mesure de l'orientation vers les consommateurs. Il est à extrapoler à l'ensemble des items.

La nature du répondant

Deux contextes doivent être ici distingués, académique et managérial :

- **Dans un contexte académique,** les chercheurs sont souvent contraints, pour des raisons pratiques, à ne questionner qu'un seul membre par organisation. Il serait souhaitable d'en interroger au moins deux, afin de mieux contrôler les biais liés à la nature du répondant. Il a en effet été montré que des différences de perception du niveau d'orientation marché d'une organisation existaient entre départements, au sein d'un même département, entre niveaux hiérarchiques (Van Bruggen et Smidts, 1995) et entre cadres marketing et cadres non-marketing (Kohli et *alii*, 1993). Deshpandé et Zaltman vont plus loin en proposant un questionnement par « quadrade », aussi appelé en « double diade ». Cette démarche s'applique en milieu industriel. Il s'agit d'interroger une paire de cadres marketing appartenant à l'entreprise vendeuse dont on veut mesurer le niveau d'orientation marché et une paire d'acheteurs appartenant à une entreprise acheteuse[1].

■ **Dans un contexte managérial**, il s'agit de diagnostiquer le niveau d'orientation marché d'**une seule** organisation. Le problème du nombre de membres interrogeables n'est donc plus posé. La méthode de mesure peut par conséquent être enrichie en questionnant également les consommateurs, les distributeurs ou les fournisseurs (Gabel, 1995 ; Webb et *alii*, 2000). Une double mesure sera ainsi effectuée : en interne, auprès des membres de l'organisation, et en externe, auprès des acteurs du marché jugés pertinents. Une telle démarche présente un double intérêt. Elle permet d'une part de comparer la perception de l'organisation avec celle de l'environnement. Cela peut conduire à mieux identifier et à mieux maîtriser les biais de perception. Elle permet d'autre part de dresser un diagnostic plus complet, et par conséquent plus fiable, du niveau d'orientation marché d'une organisation. L'agrégation de la mesure interne et de la mesure externe peut être faite par un simple calcul de moyenne.

La mise en œuvre de la mesure

Pour utiliser les échelles de mesure de l'orientation marché, nous recommandons de suivre la démarche proposée par Bisp, Harmsen et Grunert (1996). Il s'agit de mesurer trois types d'écart :

- l'écart existant entre le niveau d'orientation marché souhaité par l'organisation et son niveau réel ;
- l'écart de perception du niveau d'orientation marché de l'organisation entre différents départements (direction générale, marketing, production, recherche et développement) ;
- et l'écart du niveau d'orientation marché de l'organisation avec trois principaux acteurs du marché : les consommateurs, les distributeurs et les concurrents.

Le diagnostic en sera plus précis.

---

1. Le lecteur intéressé par cette démarche pourra consulter de manière complémentaire l'article de Steinman et *alii* (2000).

L'extrapolation de la mesure

Le diagnostic du niveau d'orientation marché d'une organisation doit dans de nombreux cas reposer sur un échantillon. Cela peut être rendu nécessaire pour des raisons de délai, de restriction budgétaire, ou simplement d'accessibilité de l'ensemble de la population d'étude. Ces problèmes sont en particulier critiques pour le questionnement des consommateurs, des distributeurs ou des fournisseurs. Dans ce cas, l'extrapolation des résultats à l'ensemble de la population doit reposer sur le calcul d'un intervalle de confiance.

Supposons que l'on mesure le niveau d'orientation marché d'une organisation grâce aux items recommandés, sur 7 modalités, auprès d'un échantillon de taille n = 200 répondants. Supposons qu'un calcul de moyenne sur ces items donne un score, noté m puisqu'il s'agit d'une moyenne échantillonnalle, de 5, et un écart type, noté s, de 1. On veut estimer, à partir de ces résultats, la moyenne sur la population des répondants, notée par convention μ. La construction de l'intervalle de confiance de μ se fait, pour simplifier, grâce à la formule statistique suivante :

$$m - Z \times (s/\sqrt{n}) < \mu < m + Z \times (s/\sqrt{n})$$

La valeur de Z, qui désigne un nombre d'écarts types, dépend du risque α que l'on tolère. Ce risque mesure le pourcentage de chance de se tromper en affirmant que la moyenne μ appartient à l'intervalle calculé. Si on tolère un risque de 10 %, Z vaut 1,64, si on tolère un risque de 5 %, Z vaut 1,96, si on tolère un risque de 1 %, Z vaut 2,58. On retient en général 5 %. L'intervalle de confiance de μ est alors :

$$5 - 1,96 \times (1 / \sqrt{200}) < \mu < 5 + 1,96 \times (1 / \sqrt{200})$$

Ce qui donne finalement une moyenne μ comprise entre 4,86 et 5,14 (au risque α = 5 %). Autrement dit, le niveau d'orientation marché de l'organisation varie entre 4,86 et 5,14 sur un score maximal de 7 (au risque α de 5 %).

Comment développer une échelle de mesure originale ?

Nous avons présenté au paragraphe précédent les principales échelles de mesure existantes de l'orientation marché. Celles-ci peuvent être perçues comme insatisfaisantes pour une double raison. Elles peuvent en premier lieu être inadaptées au contexte commercial spécifique d'une organisation. Les échelles présentées ont en effet été développées pour des entreprises industrielles ou de grande consommation. Qu'en est-il des organisations non marchandes ? Des associations ? Du secteur public ? Elles peuvent en second lieu être critiquées pour leur absence de mesure de l'orientation vers les fournisseurs. Dans ce contexte, ce qui suit a pour objectif de pallier à cette double insuffisance en détaillant la méthode à suivre pour développer une échelle de mesure **originale** de l'orientation marché.

Le problème de la mesure est ancien. Le premier à avoir traité de cette question de manière complète est sans doute Nunally, en 1967. Depuis, le développement des méthodes statistiques a permis d'enrichir la méthode, et il est devenu usuel de distinguer **sept phases**, habituellement désignées sous les termes de « paradigme de Churchill »[1]. Celui-ci intègre dans une même démarche l'ensemble des questions auxquelles un analyste soucieux de développer des échelles de mesures fiables et valides doit répondre. Nous présentons ces sept phases à la figure 6 :

---

1. Il faut en réalité distinguer une huitième et dernière étape : « la production de normes ». Celle-ci n'est possible qu'en cas de mesures multiples, ce qui dépasse le cadre de la problématique posée par cet ouvrage.

Figure 6. Le paradigme de Churchill

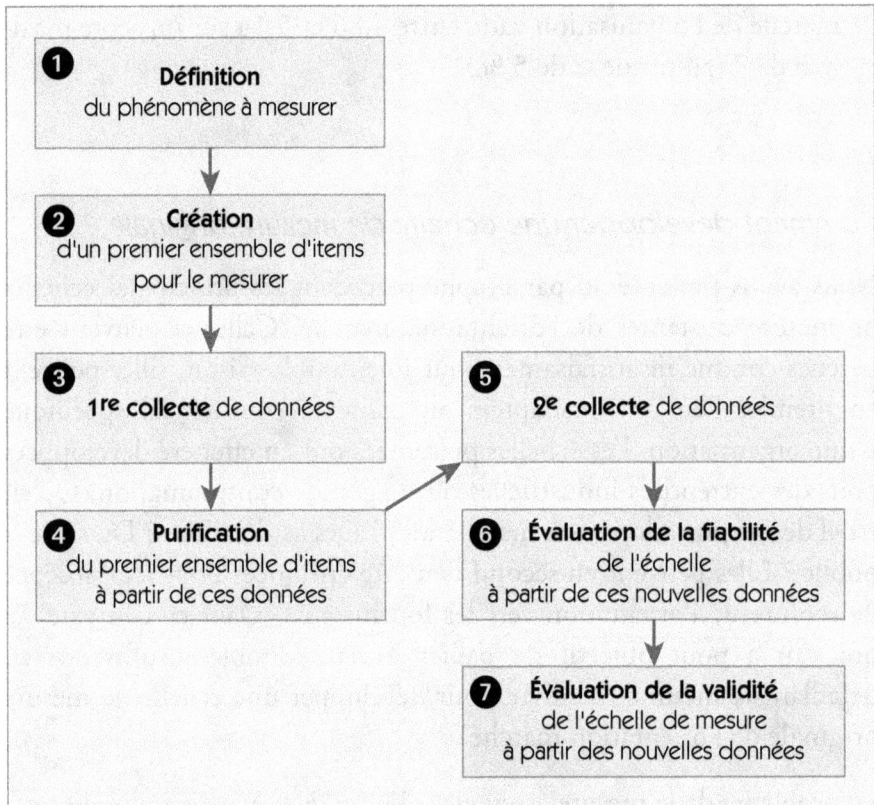

Nous détaillons ci-après les cinq premières phases. Les deux dernières seront abordées à partir de la page 136.

Définition du phénomène à mesurer

Dans un premier temps, il s'agit de bien comprendre ce que l'on veut mesurer. Un effort de définition du phénomène étudié doit donc être entrepris. Prenons un exemple simple, étranger au concept d'orientation marché.

L'importance de la définition

Supposons que l'on veuille développer une échelle de mesure de la satisfaction. Une revue de littérature indiquera que le phénomène peut être défini de différentes manières. La satisfaction peut en particulier être considérée comme le résultat de la comparaison subjective des attentes du consommateur avec la performance perçue de l'offre (théorie de la disconfirmation des attentes) ou, plus précisément, comme le résultat de la différence de traitement perçue entre consommateurs pour un même niveau de coût (théorie de l'équité). Selon que l'on retienne la première ou la seconde de ces définitions, l'échelle finale ne sera pas du tout la même.

Dans le cadre de la mesure des dimensions constitutives de l'orientation marché, il est nécessaire de se référer aux définitions proposées par la littérature et exposées en détail au cours du chapitre 1. Il peut être nécessaire d'adapter ces définitions au contexte spécifique de l'organisation. Il faut dans ce cas suivre une démarche en deux étapes : Dans un premier temps, une réflexion théorique, menée à plusieurs et appuyée par une revue de littérature du domaine, permet d'avoir un premier éclairage sur la nature du phénomène étudié. Celui-ci doit être enrichi dans un second temps par une phase qualitative. Nous recommandons d'adopter la démarche suivie par Kohli et Jaworski (1990) dans le domaine de l'orientation marché. Celle-ci consiste à interroger sous forme semi-directive un ensemble d'acteurs du marché pour comprendre ce que signifie « être orienté marché » à leurs yeux. En fonction de la dimension de l'orientation marché que l'on cherche à définir (consommateurs, concurrents, distributeurs, fournisseurs, et/ou technologie) ceux-ci doivent être différents :

Tableau 15. Comment définir l'orientation marché ?

Dimension de l'orientation marché	Acteurs du marché à interroger
L'orientation vers les consommateurs	Les consommateurs → Que signifie à leurs yeux qu'une organisation soit orientée vers eux ?
L'orientation vers les concurrents	En interne : la direction, les acteurs en relation avec le marché. En externe : les experts (ex. : méthode Delphi*).
L'orientation vers les distributeurs	Les distributeurs → Que signifie à leurs yeux qu'une organisation soit orientée vers eux ?
L'orientation vers les fournisseurs	Les fournisseurs → Que signifie à leurs yeux qu'une organisation soit orientée vers eux ?
L'orientation vers la technologie	En interne : le service R&D, les responsables innovations En externe : les experts (ex. : méthode Delphi*).

* La méthode Delphi consiste à interroger des experts du domaine. Les réponses apportées par un expert sont systématiquement communiquées à l'ensemble des autres experts, de manière non nominative, pour critiques. Celles-ci sont alors communiquées à l'expert et il lui est demandé s'il modifie son point de vue. Les allers-retours cessent lorsqu'un consensus est trouvé entre tous les experts.

La mise en œuvre d'entretiens semi-directifs nécessite, pour être performante, de prendre certaines précautions. Nous les rappelons brièvement : un guide d'entretien listant les thèmes à aborder doit être défini au préalable, des relances doivent être prévues ou improvisées pour approfondir le recueil d'informations, le discours du répondant doit être favorisé et non orienté, l'échantillon interrogé doit représenter la diversité de la réalité et doit pour cela être structuré par classes.

Création d'un premier échantillon d'items

Après avoir défini le phénomène étudié, il s'agit dans un second temps de créer un premier échantillon d'items pour le mesurer. Le recours aux méthodes qualitatives est ici à nouveau nécessaire. Nous préconisons le recours à la méthode des entretiens semi-directifs qui sont plus simples et plus rapides à mettre en œuvre que les solutions alternatives telles que les entretiens de groupe, tout en apportant un volume et une qualité d'informations proches. Ces entretiens peuvent être organisés autour de trois questions qui constitueront le guide d'entretien (d'après Kohli et Jaworski, 1990) :

- Qu'est-ce que les termes « orientation vers les [au choix : consommateurs, concurrents, distributeurs, fournisseurs, technologies] » signifient pour vous ? L'objectif est ici d'approcher la dimension **culturelle** de l'orientation marché.

- Qu'est-ce qu'une organisation orientée vers les [au choix : consommateurs, concurrents, distributeurs, fournisseurs, technologies] fait et devrait faire ? L'objectif est ici d'approcher la dimension **comportementale** de l'orientation marché.

- Quels facteurs organisationnels favorisent ou découragent cette orientation ?

Ces entretiens devront être menés auprès d'un échantillon de répondants le plus large possible, la limite étant fixée par des critères de faisabilité (temps, ressources humaines mobilisables, budget), et représentatif de la diversité de la population d'étude. Les réponses apportées par les répondants permettront de produire une liste d'items initiale, dont la taille ne doit pas être restreinte à ce stade. Pour cela, il s'agit d'analyser le contenu des discours.

Trois types d'analyse complémentaires peuvent être menés :

- une analyse syntaxique, qui porte sur la structure du discours ;
- une analyse lexicale, qui porte sur la nature et sur la richesse du vocabulaire employé ;
- et une analyse thématique, qui organise le discours par thèmes et qui dénombre leur fréquence d'apparition.

Les deux derniers types d'analyse sont sans doute ici les plus pertinents puisqu'ils conduisent à mettre à jour une **liste des caractéristiques** des organisations orientées vers les consommateurs, les concurrents, les distributeurs, les fournisseurs et/ou la technologie. En pratique, ces analyses sont facilitées par des logiciels spécialisés.

L'échelle de Kohli et Jaworski (1990) : comment les items ont-ils été identifiés ?

À partir de 62 entretiens semi-directifs, Kohli et Jaworski détachent les parties de discours, appelées « verbatims », les plus intéressantes. À partir de ces verbatims, plusieurs items sont développés. Par exemple, un verbatim tel que « nous sommes guidés par ce que les consommateurs veulent ; nous essayons de réunir des données, de mettre au point des produits à partir de ces données, et d'ensuite les promouvoir » conduira à la formulation de deux items : « au sein de cette unité stratégique, nous réalisons un nombre important d'études de marché en interne » et « nous revoyons régulièrement nos efforts lors du développement de produits pour nous assurer qu'ils sont en accord avec ce que les consommateurs veulent ».

NOVUM NL. NOVUM NL (nom fictif) est une entreprise hollandaise dont les filiales sont présentes dans 60 pays et dont les produits sont vendus dans 200. Pour créer un échantillon d'items initial, NOVUM NL s'est fondé sur deux sources : les échelles existantes de Kohli et Jaworski et de Narver et Slater, complétées et adaptées aux spécificités de l'organisation par des entretiens auprès de représentants des 15 plus grandes unités composant NOVUM NL. Au final, 43 items ont été développés. Ils mesurent à la fois les attitudes d'orientation marché, les comportements, les actions facilitatrices et le degré général d'orientation marché.

Premier recueil de données

Dans un troisième temps, il s'agit de confirmer la liste d'items produite à l'étape précédente. Pour cela, une phase quantitative doit être suivie. Elle commence par la collecte des données, par enquête. Le processus d'enquête est structuré autour de trois phases : la sélection d'un échantillon, la rédaction d'un questionnaire et le choix du mode d'administration. Nous détaillons ci-après chacune de ces trois phases.

La sélection de l'échantillon

Nous avons indiqué plus haut quelle devait être la nature des répondants lors d'une mesure du niveau d'orientation marché d'une organisation. Il peut s'agir des consommateurs, des distributeurs ou des fournisseurs. Toute la population ne peut pas être interrogée dans son ensemble. Un échantillon doit donc en être extrait. Celui-ci doit comporter deux caractéristiques pour que les traitements statistiques qui seront réalisés soient les plus fiables possible. L'échantillon doit en premier lieu être **représentatif** de la population d'étude. Parmi les techniques dites « probabilistes », on recommande en général la méthode par stratification. Parmi les techniques « non probabilistes », on préconise la méthode des quotas. La première est utilisable lorsque l'on ne dispose pas d'une liste complète de la population d'étude, la seconde lorsque c'est le cas. La répartition de la population sur les critères retenus doit alors être retrouvée sur l'échantillon. Les critères de représentativité seront choisis parmi ceux qui peuvent jouer sur le niveau d'orientation marché d'une organisation. Le tableau 2 présenté au chapitre 1 les détaille. Parmi ceux-ci, seul le niveau de ressources disponibles paraît opérationnalisable puisque connu au niveau de la population des organisations.

Construire la représentativité

Supposons que l'on s'intéresse à une population d'entreprises et que l'on appréhende leur niveau de ressources par leur chiffre d'affaires. La répartition est la suivante (Insee, 2002) :

98,57 % font entre 0 et 10 millions d'euros de chiffre d'affaires et 1,43 % plus de 10 millions d'euros de chiffre d'affaires.

Un échantillon de taille n = 200 devrait par conséquent être composé de :

- 98,57 % x 200 = 197 entreprises réalisant moins de 10 millions,
- et de 1,43 % x 200 = 3 entreprises réalisant plus de 10 millions.

La **taille** de l'échantillon est une seconde question à aborder. Sa détermination doit reposer sur une étude des biais que des tailles trop faibles ou trop importantes font peser sur les résultats. Dans le cas de l'utilisation des techniques statistiques multivariées mises en œuvre lors du développement d'échelles de mesure, les études indiquent que la taille d'échantillon ne doit pas être inférieure à 100 et ne doit pas dépasser quelques milliers.

La rédaction du questionnaire

Une fois l'échantillon composé, il s'agit de rédiger le questionnaire. Celui-ci servira d'outil de recueil des données. Il sera composé d'une fiche signalétique décrivant le répondant et son organisation (nom, taille, secteur, chiffre d'affaires...), et de l'ensemble des items précédemment développés. Les réponses, comme indiqué plus haut, seront précodées sur 6 modalités avec ajout d'une modalité « ne sait pas/ne se prononce pas ». Afin d'en limiter les biais, le questionnaire doit être **prétesté** auprès d'un échantillon de quelques dizaines de répondants. L'absence de deux types de biais doit être vérifiée : les biais de formulation et les biais de structure. Les biais de formulation sont l'utilisation de termes peu familiers ou techniques, l'utilisation de termes vagues et imprécis, les questions trop longues et les réponses induites. La reformulation des items permet de supprimer ces biais. Les biais de structure sont les effets de halo et de contamination. L'effet de halo désigne l'influence de la modalité de réponse choisie aux questions précédentes sur les modalités choisies aux questions suivantes, indépendamment du sens de la question. Le répondant coche ainsi systématiquement la même modalité. L'effet de contamination désigne l'influence directe de la réponse à une question sur la réponse apportée à la suivante. Le changement de sens des modalités d'un item sur deux permet de supprimer le premier biais. Le mélange des questions permet de supprimer le second.

L'administration du questionnaire

Une fois le questionnaire jugé correctement rédigé, celui-ci doit être administré auprès de l'échantillon. Le mode d'administration doit être choisi parmi les quatre solutions existantes : le face-à-face, le téléphone, la voie postale, Internet. Ces solutions peuvent être comparées selon trois critères : le coût du recueil, sa durée et la qualité des informations recueillies. Celle-ci représente à la fois l'absence de non-réponse, le nombre de questions qui peuvent être posées et la valeur ajoutée que peut avoir un enquêteur (explication des questions, possibilité de questions ouvertes complémentaires). Les modes de recueil existant peuvent être comparés selon ces trois critères grâce au tableau ci-après :

Tableau 16. Comparaison des modes de recueil des données

	Coût du recueil indicé[*]	Délai du recueil	Qualité du recueil
Face-à-face	200	Le plus long	Richesse et volume de l'information recueillie
Téléphone	150	Le plus court	Questionnaires plus courts qu'en face-à-face
Courrier	100	Long	Pas de valeur ajoutée de l'enquêteur
Internet	20 à 60	Court	Pas de valeur ajoutée de l'enquêteur

[*] D'après Ray (2001).

Ce tableau est une évaluation générale des modes de recueil existants. Dans le cadre particulier du développement d'une échelle de mesure de l'orientation marché, le volume d'informations à recueillir est limité. Recourir au face-à-face, qui représente un surcoût et qui est en général utilisé lorsqu'un matériel d'enquête doit être présenté aux répondants, n'est donc pas justifié.

Purification de l'échantillon d'items initial

Une fois les données recueillies, il s'agit dans un quatrième temps de poursuivre la phase quantitative confirmatoire par la purification de la liste d'items initiale. Deux techniques complémentaires peuvent être ici employées : l'analyse factorielle en composantes principales, l'ACP, et l'analyse factorielle confirmatoire.

L'analyse en composantes principales (ACP)

L'objectif général de l'ACP est de structurer les questions (aussi appelées « variables »), autrement dit de les regrouper en fonction de leur proximité de sens. Les variables regroupées vont ainsi former des « composantes principales » qui vont capturer le sens commun des variables sous-jacentes.

L'objectif de l'ACP

Prenons un exemple simple. Supposons que l'on mesure la perception d'une voiture sur six variables : la puissance perçue (variable V1), la vitesse perçue (V2), le confort des sièges (V3), l'insonorisation (V4), la qualité des reprises (V5) et la qualité de l'accessoirisation (V6). Une ACP met en évidence deux composantes principales. La première capture le sens commun aux variables V1, V2 et V5. Il s'agit donc de la performance technique de la voiture. La seconde capture le sens commun aux variables V3, V4 et V6. Il s'agit donc du confort de la voiture. Les six variables initiales peuvent donc être résumées et structurées par deux composantes : la performance technique et le confort de la voiture.

L'application de l'ACP au développement d'une échelle de mesure repose sur le principe suivant. Supposons qu'une échelle de mesure de l'orientation vers les consommateurs soit composée *a priori* de quatre items. Si ces quatre items mesurent bien l'orientation vers les consommateurs, alors ils doivent partager un sens commun et former une seule et même composante principale, l'orientation vers les consommateurs.

La **mise en œuvre d'une ACP** se fait techniquement grâce à un logiciel spécialisé. Nous présentons ci-dessous la démarche à suivre sous le logiciel SPSS[1]. Pour lancer le module, il faut suivre la séquence suivante : Analyse à Factorisation à Analyse factorielle. La boîte de dialogue suivante apparaît alors :

Dans le menu déroulant de gauche apparaissent les variables disponibles. Dans l'exemple traité, il faut sélectionner les 6 items censés *a priori* mesurer l'orientation vers les consommateurs (les variables OC1 à OC6, « OC » désignant l'orientation vers les consommateurs). Celles-ci apparaissent alors dans le menu déroulant de droite. Avant de lancer l'analyse, quelques paramétrages sont nécessaires. Il faut pour cela cliquer sur le bouton « extraction » et spécifier le « graphique des valeurs propres », sans toucher aux paramètres configurés par défaut. Il est alors possible de lancer l'analyse en cliquant sur « poursuivre » puis « OK ». Trois tableaux et un graphique apparaissent alors. Ils s'interprètent de la manière suivante :

Le premier tableau à interpréter est intitulé « qualité de la représentation »[2]. Il indique, pour chaque item, dans la colonne « extraction », la proportion du sens de l'item restituée par la (les) composante(s) principale(s). Cette proportion est appelée « communauté » et varie par définition entre 0 et 1. Il est souhaitable que plus de la moitié du sens de l'item soit restitué par la (les) composante(s), et donc que les proportions obtenues soient toutes supérieures à 0,500. Dans l'exemple traité, l'item OC3 pose problème (0,411 < 0,500). Celui-ci contribue mal à la construction du sens de la (des) composante(s). Il doit donc être retiré

---

1. Tous les logiciels de statistiques (SAS, Spad, Statistica, Systat…) proposent un module pour réaliser une ACP. La mise en œuvre et l'interprétation des résultats sont en général proches. Par ailleurs, pour une présentation complète et détaillée, nous renvoyons aux ouvrages spécialisés.
2. L'analyse commence en réalité par la vérification des conditions de mise en œuvre de l'ACP. L'indice KMO et le test de sphéricité de Bartlett renseignent ici l'analyste. L'indice KMO doit être supérieur à 0,800 et le test de sphéricité significatif (on retient en général un seuil de 5 %). Sous SPSS, ces deux indicateurs sont disponibles sous le bouton « caractéristiques » de la boîte de dialogue de l'ACP.

Données [thèse 1.dneur de données SPSS]

Fichier Edition Affichage Données Transformer Analyse Graphes Outils Fenêtre Aide

1 : oc1

Analyse factorielle

- consomma
- oconc1
- oconc2
- oconc3
- oconc4
- concurre
- ot1
- ot2
- ot3
- ot4
- technolo

Caractéristique...

Variables :
- oc1
- oc2
- oc3
- oc4
- oc5
- oc6

Variable de filtrage :

Extraction... Facteurs... Rotation... Options...

Valeur

OK Coller Restaurer Annuler Aide

	oc1	oc2	oc3	oc4	oc5	oc6	consomma	oconc1	oconc2	oconc3	oconc4	concurre	ot1
1	4,00	4,00	4,00	3,00	3,00	4,00	3,60	4,00	4,00	5,00	3,00	4,00	3,00
2	6,00	2,00	5,00	4,00	5,00	5,00	4,40	4,00	4,00	6,00	6,00	5,00	6,00
3	5,00	3,00	5,00	6,00	3,00	4,00	4,20	3,00	4,00	5,00	3,00	3,75	5,00
4	5,00	4,00	5,00	6,00	5,00					6,00	4,00	5,00	4,00
5	4,00	3,00	5,00	6,00	3,00	4,00				5,00	5,00	4,00	6,00
6	6,00	5,00	6,00							5,00	5,00	4,75	6,00
7	6,00	6,00	5,00							5,00	5,00	4,50	6,00
8	6,00	5,00	6,00							6,00	5,00	5,25	3,00
9	6,00	3,00	6,00							3,00	3,00	5,00	6,00
10	5,00	4,00	6,00							5,00	4,00	3,25	4,00
11	6,00	5,00	4,00							5,00	3,00	4,00	5,00
12	6,00	6,00	5,00							5,00	5,00	4,50	6,00
13	6,00	6,00	6,00							6,00	5,00	5,50	3,00
14	6,00	5,00	6,00							6,00	4,00	6,50	2,00
15	6,00	6,00	6,00							4,00	3,00	3,75	6,00
16	5,00	5,00	5,00				5,80	5,00	5,00	6,00	5,00	4,50	4,00
17	6,00	6,00	2,00				5,20	5,00	4,00	4,00	4,00	4,25	3,00
18	5,00	5,00	5,00	4,00	1,00	3,00	3,20	3,00	4,00	4,00	3,00	3,50	5,00
19	6,00	3,00	5,00	4,00	4,00	5,00	5,20	3,00	6,00	5,00	5,00	4,50	3,00
20	5,00	6,00	5,00	6,00	6,00	6,00	5,60	3,00	3,00	5,00	4,00	4,50	6,00
21	6,00	6,00	5,00	6,00	6,00	6,00	3,80	4,00	2,00	5,00	4,00	3,50	4,00
22	6,00	6,00	5,00	3,00	4,00	4,00	5,60	4,00	5,00	3,00	3,00	3,50	4,00
30	6,00	6,00	5,00	4,00	5,00	6,00				5,00	4,00	4,50	6,00

Affichage des données / Affichage des variables

SPSS processeur est prêt

de l'analyse, et par conséquent de l'échelle de mesure. Pratiquement, cela signifie que conserver l'item OC3 dégraderait la qualité de l'échelle de mesure de l'orientation vers les consommateurs.

Qualité de représentation

	Initial	Extraction
OC1	1,000	, 644
OC2	1,000	,592
OC3	1,000	,411
OC4	1,000	,511
OC5	1,000	,612
OC6	1,000	,556

En retirant l'item OC3 de l'analyse, le tableau « qualité de représentation » obtenu devient alors :

Qualité de représentation

	Initial	Extraction
OC1	1,000	, 645
OC2	1,000	,648
OC4	1,000	,505
OC5	1,000	,586
OC6	1,000	,616
Méthode d'extraction : analyse en composantes principales		

Les communautés obtenues sont toutes supérieures à 0,500, ce qui est satisfaisant. L'interprétation des résultats peut alors être poursuivie.

Le second tableau à analyser est intitulé « variance totale expliquée ». Il fournit deux résultats essentiels : le nombre de composante(s) à conserver et le pourcentage du sens contenu dans l'ensemble des variables sous-jacentes restitué par la (les) composante(s) auxquelles elles sont rattachées. Le nombre de composante(s) à conserver est donné par le nombre de composante(s) dont la valeur propre est supérieure à 1. Il n'y en a ici qu'une (valeur propre = 3,001), ce qui signifie que les 5 items de mesure de l'orientation vers les consommateurs partagent un seul sens commun. Par ailleurs, le pourcentage du sens contenu dans ces 5 items restitués par la composante est indiqué dans la colonne « % cumulés ». Il est souhaitable que plus de la moitié du sens des items soit restitué par la composante, et donc que ce pourcentage soit supérieur à 50 %. Ici, la composante restitue 60,012 % du sens contenu dans les 5 items, ce qui est par conséquent satisfaisant. Pratiquement, cela signifie qu'une échelle de mesure composée de ces 5 items capturerait 60,012 % du sens de la composante, dont on espère qu'il s'agisse de l'orientation vers les consommateurs.

Variance totale expliquée

		Valeurs propres initiales			Extraction Somme carrée des facteurs retenus		
		Total	% de la variance	% cumulés	Total	% de la variance	% cumulés
Composante	1	3,001	60,012	60,012	3,001	60,012	60,012
	2	,627	12,543	72,556			
	3	,557	11,149	83,704			
	4	,436	8,721	92,426			
	5	,379	7,574	100,000			

Méthode d'extraction : analyse en composantes principales.

L'interprétation des résultats peut être poursuivie par l'examen du « graphique des valeurs propres ». Celui-ci représente la saturation de l'information restituée en fonction du nombre de composante(s) retenue(s).

Graphique des valeurs propres

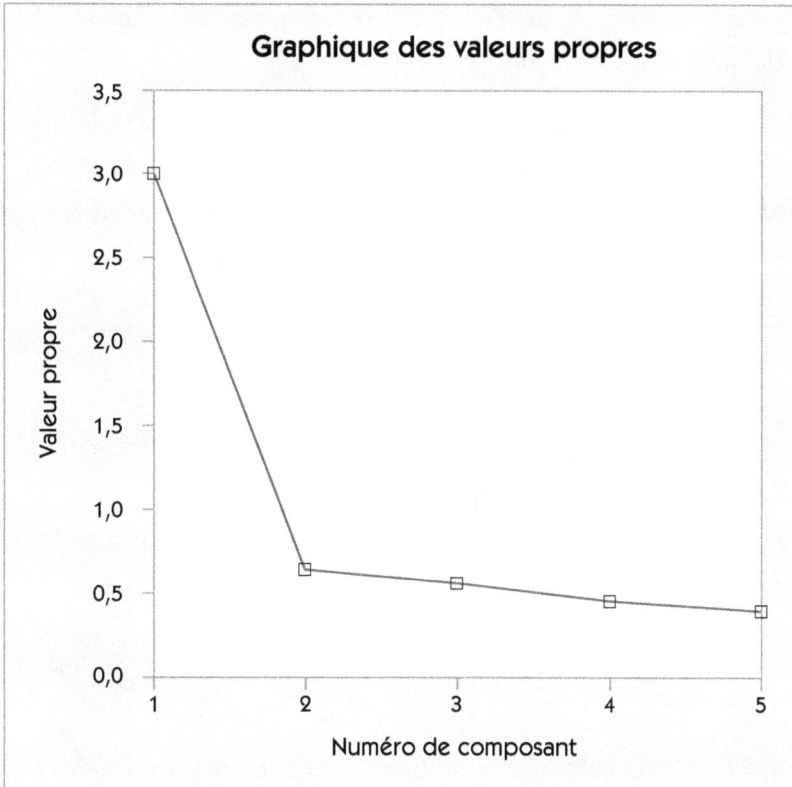

Dans l'exemple traité, on s'aperçoit que la courbe marque une inflexion à partir de la seconde composante. Cela signifie que l'essentiel du sens contenu dans les 5 items factorisés est restitué par la première composante (la courbe marque alors un seuil). Cet examen confirme l'analyse des valeurs propres et apporte une preuve supplémentaire à la conservation d'une seule composante. Jusqu'à présent, l'analyse des résultats montre que :

– l'item « OC3 » doit être éliminé de l'échelle de mesure de l'orientation vers les consommateurs (communauté < 0,500) ;

– les 5 items restants se structurent autour d'une seule composante (valeur propre > 1 et point d'inflexion du graphique des valeurs propres pour la 2e composante).

Cette composante restitue 60,012 % du sens contenu dans les 5 variables (ici les items de mesure) sous-jacentes.

Si cette composante était l'orientation vers les consommateurs, une échelle de mesure composée des 5 items conservés proposerait une structure satisfaisante. **L'examen du dernier tableau, intitulé « matrice des composantes »**, nous renseigne sur ce dernier point.

Matrice des composantes*

	Composante 1	
OC1	,803	
OC2	,805	Méthode d'extraction :
OC4	,711	analyse en composantes principales
OC5	,766	
OC6	,785	

* 1 composante extraite.

Ce tableau indique la contribution de chaque variable (ici item) au sens de la composante. Les scores obtenus s'interprètent de la manière suivante : le signe renseigne sur la contribution, positive ou négative, de la variable au sens de la composante, la valeur absolue du score sur l'ampleur de cette contribution. Un score varie en valeur absolue entre 0 et 1. Plus il est proche de 0, moins la variable contribue au sens de la composante ; plus il est proche de 1, plus la variable contribue au sens de la composante. Dans l'exemple traité, les scores sont tous positifs, avec une valeur minimale de 0,711, ce qui est fort. Cela signifie en pratique que tous les items contribuent fortement au sens de la composante. Ceux-ci étant formulés pour mesurer l'orientation vers les consommateurs, on peut conclure qu'ils fournissent une bonne mesure du phénomène, représenté ici par la composante.

Enfin, il est possible de construire un indicateur du niveau d'orientation vers les consommateurs d'une organisation grâce à un calcul de moyenne pondérée, à partir des scores factoriels. Prenons un exemple.

Utilisation des scores factoriels
pour construire un indicateur d'orientation
vers les consommateurs

Supposons qu'une enquête suivie de la mise en œuvre d'une ACP mette en évidence que l'échelle de mesure de l'orientation vers les consommateurs doive être épurée d'un item. Cinq sont conservés. La structure obtenue est satisfaisante : l'examen des valeurs propres et du graphique des valeurs propres confirme une structure à une composante, celle-ci restituant par ailleurs 65 % du sens contenu dans les variables (items) sous-jacentes. Les scores factoriels sont les suivants : item 1 : 0,723 ; item 2 : 0,822 ; item 3 : 0,789 ; item 4 : 0,745 ; item 5 : 0,811. Supposons par ailleurs que les modalités de réponses soient comprises entre 1 et 7 et que les modalités moyennes, calculées sur l'échantillon, pour chaque item, soient les suivantes : m (item 1) = 4 ; m (item 2) = 5 ; m (item 3) = 4 ; m (item 4) = 4 ; m (item 5) = 5. Une moyenne pondérée donnera l'indicateur du niveau d'orientation vers les consommateurs suivant :

Indicateur
$= (0{,}723 \times 4 + 0{,}822 \times 5 + 0{,}789 \times 4 + 0{,}745 \times 4 + 0{,}811 \times 5)/3{,}89$
$= 4{,}12$

Autrement dit, sur une échelle de 1 à 7, le niveau d'orientation vers les consommateurs de l'organisation est de 4,12. Si ce résultat a été obtenu sur un échantillon, il doit être extrapolé au niveau de la population grâce au calcul d'un intervalle de confiance (cf. plus haut).

En résumé, la mise en œuvre d'une ACP a permis d'épurer l'échelle développée de l'item OC3 et de vérifier la qualité de la structure ainsi obtenue. Celle-ci peut être jugée comme satisfaisante.

L'analyse factorielle confirmatoire

La mise en œuvre d'une ACP peut être enrichie par l'utilisation d'une analyse factorielle confirmatoire. Celle-ci est plus longue et plus délicate à utiliser. Certains logiciels d'analyse de données proposent des modules spécialisés (par exemple, Sepath sous Statistica, Amos sous SPSS ou Calis sous SAS). Présenter en détail cette technique dépasserait largement le cadre de cet ouvrage. Nous renvoyons le lecteur intéressé aux ouvrages et aux revues spécialisés[1]. Nous nous contenterons ici d'en exposer simplement les principes, qui seront par ailleurs utiles lors de la présentation des techniques d'évaluation de la validité d'une échelle de mesure.

Le principe général de l'analyse factorielle confirmatoire est de vérifier si l'échelle de mesure obtenue suite à l'utilisation de l'ACP s'ajuste aux données. Les items de mesure sont statistiquement contraints à mesurer le phénomène. Les données recueillies conduisent-elles alors à rejeter une telle contrainte ou au contraire à l'accepter ? Dans le premier cas, la structure de l'échelle n'est pas confirmée et la phase de purification, voire de création d'un échantillon d'items, doit à nouveau être mise en œuvre. Dans le second cas, la structure de l'échelle est confirmée et il est alors possible de poursuivre le processus de développement de l'échelle. Statistiquement, la mise en œuvre d'une analyse factorielle confirmatoire repose sur le calcul et le test de la significativité de coefficients de corrélation, ou des covariances, liant chaque item avec le phénomène à mesurer. L'interprétation des résultats permet alors de répondre à trois questions complémentaires :

---

1. Nous recommandons en particulier l'excellent ouvrage d'Hair J.F., Anderson R.E., Tatham R.L. et Black W.C., *Multivariate Data Analysis*, 5th ed., New Jersey, Prentice Hall, 1998.

▨ **Comment l'échelle spécifiée *a priori* s'ajuste-t-elle globalement aux données recueillies ?** Des indices d'ajustement, qu'il faut comparer à des normes d'acceptabilité, renseignent ici l'analyste.

▨ **Quelle est la significativité des coefficients obtenus ?** Il est attendu que tous les items soient significatifs. Dans le cas contraire, cela signifierait que certains items ne contribuent pas à mesurer le phénomène, et donc que la structure de l'échelle, supposée purifiée après la mise en œuvre d'une ACP, n'est pas confirmée.

▨ **Quelle est la valeur des coefficients obtenus ?** Il est attendu que celle-ci soit élevée. Dans le cas contraire, cela signifierait que les items concernés contribuent peu à la mesure du phénomène.

La seconde collecte de données

La cinquième étape de la démarche de développement d'une échelle de mesure originale des dimensions de l'orientation marché est celle de la seconde collecte de données. Celle-ci a pour objectif de valider, sur un nouvel échantillon, la structure de l'échelle. Les précautions de mise en œuvre sont les mêmes que pour la première collecte. Elles ont été détaillées plus haut. À ce stade, nous disposons d'échelles de mesure épurées des dimensions de l'orientation marché. Reste à en vérifier la qualité. La démarche à suivre est présentée maintenant et détaille les deux dernières étapes de la démarche de construction d'échelle en indiquant comment en évaluer la fiabilité et la validité. Nous mettons ces deux étapes en relief afin d'en souligner l'importance et afin de pouvoir mieux les présenter.

Comment vérifier la qualité d'une échelle de mesure de l'orientation marché ?

Les recherches menées sur les échelles de mesure mettent en évidence que deux propriétés doivent être réunies pour que leur qualité soit assurée. Celles-ci doivent être fiables et valides[1]. Nous détaillons ci-après chacune de ces deux caractéristiques.

La fiabilité d'une échelle de mesure

La fiabilité d'une échelle désigne « *la qualité d'un instrument qui, appliqué plusieurs fois à un même phénomène, doit donner les mêmes résultats* »[2]. Deux voies sont utilisables pour tester la fiabilité d'une échelle de mesure : l'utilisation de mesures multiples et le calcul d'indicateurs. La dernière approche est privilégiée. Deux indicateurs peuvent être utilisés pour vérifier la fiabilité d'une échelle de mesure : l'alpha de Cronbach et le rhô de Jöreskog.

L'alpha de Cronbach

L'alpha de Cronbach permet de s'assurer de la cohérence interne d'une échelle. Plus il est proche de 1, plus l'échelle est cohérente et est considérée comme fiable. Au contraire, plus il est proche de 0, moins l'échelle est cohérente et est considérée comme fiable. Un alpha supérieur à 0,60 est recommandé, avec une préconisation supplémentaire pour 0,80[3]. Le calcul de cet indicateur est proposé dans plusieurs logiciels statistiques. Sous SPSS, pour lancer le module, il faut suivre la séquence suivante : Analyse à Positionnement à Analyse de fiabilité. La boîte de dialogue ci-après apparaît alors. Dans le menu déroulant, il faut sélectionner les items supposés mesurer le phénomène étudié. Par ailleurs, sous le bouton « statistiques », il faut demander les

---

1. On pourrait ajouter la sensibilité, qui désigne la capacité à enregistrer des variations fines du phénomène mesuré.
2. D'après Évrard, Pras, Roux (1997).
3. D'après Peterson (1994).

« caractéristiques pour l'échelle sans l'item ». Pour les activer, il faut cliquer sur « poursuivre ». Cela permettra d'identifier, le cas échéant, quels sont les items qui dégradent la fiabilité de l'échelle, et qui doivent par conséquent être supprimés.

Vérifier la fiabilité d'une échelle de mesure de l'orientation vers les consommateurs

La phase de purification des items de mesure de l'orientation consommateurs, mise en œuvre grâce à une ACP, a mis en évidence que l'item OC3 devait être retiré de l'échelle. Il s'agit donc de vérifier à présent la fiabilité d'un instrument uniquement composé des items restant.

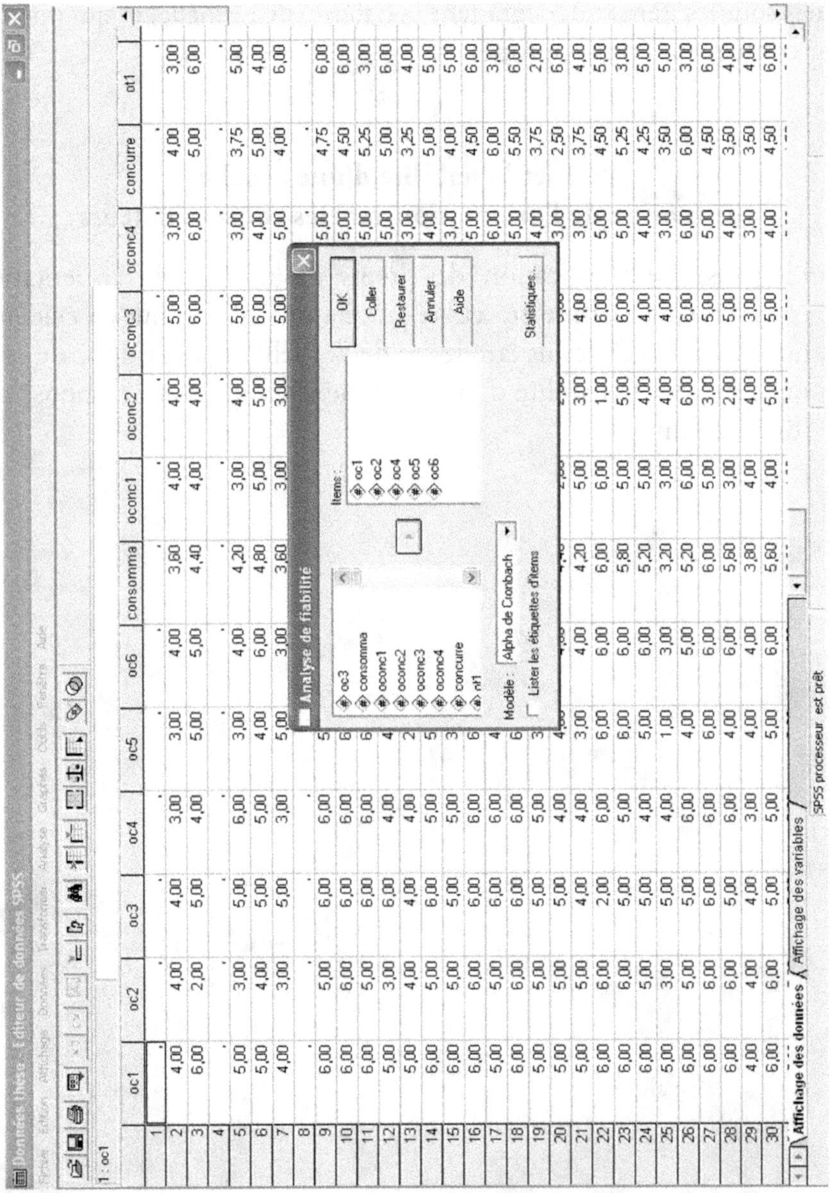
Données thèse - Éditeur de données SPSS
Analyse de fiabilité
Items :
OK
Coller
Restaurer
Annuler
Aide
Modèle : Alpha de Cronbach
Lister les étiquettes d'items
Statistiques...
Affichage des données
Affichage des variables
SPSS processeur est prêt

Il est alors possible de lancer le calcul en cliquant sur le bouton « OK ». Les résultats suivants s'affichent alors. En gras, figurent les résultats à analyser.

Analyse de fiabilité de l'échelle (Alpha)

Item-total Statistics

	Scale Mean if Item Deleted	Scale Variance if Item Deleted	Corrected Item – Total Correlation	Alpha if Item Deleted
OC1	17,8099	13,4600	,6624	,7818
OC2	18,5563	11,9223	,6615	,7759
OC4	18,0634	13,6059	,5590	,8053
OC5	18,7254	11,0233	,6228	,7978
OC6	18,1127	13,3773	,6461	,7844

Coefficients de fiabilité

N of Cases = 142,0   N of items = 5

Alpha = ,8238

Les items de mesure sont rappelés dans la première colonne (OC1 à OC6). En bas, figure l'alpha de l'échelle. Il vaut ici 0,8238, ce qui est très satisfaisant puisque supérieur à 0,80. Une échelle de mesure de l'orientation vers les consommateurs composée des items OC1 à OC6 (sans OC3) peut donc être considérée comme fiable. Dans la colonne de droite figure enfin l'alpha qui serait obtenu si l'item correspondant était retiré de l'échelle. Par exemple, supprimer OC1 conduirait à obtenir un alpha de 0,7818. Ici, aucun item ne doit être supprimé puisque cela conduirait à diminuer la valeur de l'alpha et donc à dégrader la fiabilité de l'échelle.

Le rhô de Jöreskog

Le rhô de Jöreskog pallie à deux limites de l'alpha de Cronbach. Ce dernier fait l'hypothèse que tous les items ont la même fiabilité, ce qui est rarement vérifié dans la réalité. Il est par ailleurs très sensible au nombre d'items qui composent l'échelle (Peterson, 1994). Le rhô de Jöreskog varie entre 0 et 1 et s'interprète de la même manière que l'alpha. En pratique, son calcul repose sur les scores obtenus par chaque item suite à l'analyse factorielle confirmatoire effectuée lors de la phase de purification de l'échantillon d'items initial. Du fait de sa complexité, cette technique n'a pas été présentée. Le calcul du rhô de Jöreskog, aujourd'hui non automatisé sous un logiciel d'analyse de données, ne sera donc pas détaillé. Nous renvoyons le lecteur intéressé à l'article de Jöreskog dont les références sont présentées en bibliographie.

La validité d'une échelle de mesure

La validité d'une échelle de mesure désigne globalement sa capacité à bien appréhender le phénomène mesuré. Elle se décline sous trois formes complémentaires : la validité de contenu, la validité de trait et la validité de critère. La vérification de la validité est une démarche complexe et longue. Une présentation complète dépasserait le cadre de cet ouvrage. Nous proposons par conséquent une revue synthétique et rapide de ces différentes questions.

La validité de contenu d'une échelle de mesure

La validité de contenu évalue le degré avec lequel les items affectés à la mesure d'un phénomène sont théoriquement cohérents avec celui-ci. Cette validité s'appuie d'abord sur la rigueur de la phase de définition. La convergence sémantique de plusieurs instruments de mesure peut par ailleurs venir renforcer le faisceau d'indicateurs de cette validité.

Il y a validité de contenu de l'échelle de mesure de l'orientation marché de Kohli et Jaworski (1990) pour deux raisons :

- en premier lieu, les items développés reposent sur une phase de définition rigoureuse du concept qui s'appuie à la fois sur une revue de littérature complète du domaine et sur une étude empirique reposant sur 62 entretiens semi-directifs auprès de cadres ;
- en second lieu, cette échelle a été reprise et utilisée par d'autres chercheurs dans d'autres contextes commerciaux et nationaux.

La validité de trait d'une échelle de mesure

Il y a validité de trait d'une échelle de mesure s'il y a à la fois validité convergente et validité discriminante :

- La validité convergente s'attache à vérifier que les items censés mesurer un même phénomène sont effectivement corrélés.
- La validité discriminante s'attache à vérifier que des items censés mesurer des phénomènes différents mais proches sont faiblement corrélés.

La **vérification de la validité convergente** repose sur des procédures complexes. Pour ne pas entrer dans les détails, le principe est d'analyser les résultats de l'analyse factorielle confirmatoire. Deux niveaux de validité convergente peuvent être alors déterminés (Bagozzi et Yi, 1991). Une faible validité convergente est vérifiée lorsque les relations entre les items de mesure et le phénomène à mesurer existent, autrement dit sont statistiquement significatives. Une forte validité convergente est quant à elle vérifiée lorsque les résultats sont conformes au critère proposé par Fornell et Larcker (1981). Il s'agit du suivant. L'analyse factorielle confirmatoire permet de déterminer le « sens »[1] que partage chaque item de mesure avec le phénomène à mesurer. Cette variance

---

1. Statistiquement représenté par la variance partagée.

partagée est habituellement notée ρ_{VC}. Si ρ_{VC} est inférieure à 50 %, cela signifie que le phénomène à mesurer partage moins de 50 % de sens avec ses items de mesure. Au contraire, si ρ_{VC} est supérieure à 50 %, cela signifie que le phénomène à mesurer partage plus de 50 % de sens avec ses items de mesure. Il est attendu que les ρ_{VC} obtenues soient supérieures à 50 %.

Supposons que l'on cherche à vérifier la validité convergente d'une échelle de mesure de l'orientation vers les consommateurs. Après calculs, on obtient $\rho VC = 62$ %. Cela signifie que l'orientation vers les consommateurs, le phénomène à mesurer, partage 62 % de « sens » avec ses items de mesure et 38 % avec ses erreurs de mesure. Cela signifie par conséquent que les items développés convergent de manière satisfaisante pour mesurer le phénomène.

Pour vérifier la validité discriminante d'une échelle de mesure, deux techniques sont également disponibles. Nous présentons ici la plus simple à notre sens[1]. L'approche consiste à vérifier que le phénomène à mesurer partage davantage de « sens » avec ses items de mesure qu'avec d'autres phénomènes. De façon pratique, il y a validité discriminante si ρ_{VC} est supérieure au carré de la corrélation entre le phénomène objet du calcul de ρ_{VC} et les autres phénomènes.

---

1. Une seconde approche consiste à comparer un modèle dit « libre », où les corrélations entre les phénomènes jugés proches sont laissées libres, avec un modèle dit « contraint », où les corrélations sont contraintes à être égales à 1 (Bagozzi et Yi, 1991).

Supposons que l'on cherche à vérifier la validité discriminante d'une échelle de mesure de l'orientation vers les consommateurs avec une échelle de mesure de l'orientation vers les concurrents. Après calculs, on obtient les résultats suivants :
- ρVC (orientation consommateurs) = 0,62
- Corrélation^2 (orientation consommateurs – orientation concurrents) = 0,08

Cela signifie que l'orientation vers les consommateurs partage plus de sens avec ses items de mesure qu'avec un phénomène différent mais jugé proche, l'orientation vers les concurrents (ρVC = 0,62 > 0,08). La validité discriminante de l'échelle de mesure de l'orientation vers les consommateurs est par conséquent vérifiée par cette première approche.

La validité de critère d'une échelle de mesure

La validité de critère est vérifiée si les relations entre les mesures de différents concepts sont conformes aux prédictions issues de la théorie. Concrètement, il s'agit de vérifier sur un échantillon, voire sur une population, par l'utilisation d'une méthode d'analyse causale, l'existence et l'intensité de ces relations.

De nombreuses recherches mettent en évidence que l'orientation vers les consommateurs et l'orientation vers les concurrents ont un impact positif sur la performance d'un produit nouveau. Le chapitre 2 a permis d'en proposer une synthèse. La validité de critère des échelles de mesure des concepts d'orientation vers les consommateurs et d'orientation vers les concurrents est par conséquent vérifiée si des relations significatives et positives sont mises en évidence entre chacune de ces deux variables et la performance d'un produit nouveau.

Conclusion

Le troisième chapitre de cet ouvrage visait à répondre à une question principale : comment mesurer de manière fiable et valide le degré d'orientation marché d'une organisation ? Nous avons répondu à cette interrogation en présentant successivement :

- les principales échelles de mesure existantes, en indiquant leurs conditions d'utilisation ;
- la méthodologie à suivre pour développer une échelle de mesure originale ;
- la démarche de vérification de la fiabilité et de la validité d'un instrument.

D'un point de vue opérationnel, ces différents points nous ont permis de franchir la **troisième et dernière étape du diagnostic**. Nous disposons ainsi à présent d'un ensemble de concepts, de méthodes et d'outils permettant de franchir la première phase de notre méthodologie. La seconde est celle de **la mise en œuvre**. Il reste ainsi à répondre à la question suivante : comment implémenter l'orientation marché dans une organisation ? Quelle méthode faut-il suivre ? C'est l'objet du chapitre 4.

Fiche de synthèse du chapitre 3

Comment mesurer le degré d'orientation marché d'une organisation ?

Une organisation orientation marché est caractérisée par une culture et par des comportements spécifiques. Pour la mesure de la **culture** d'orientation consommateurs et concurrents d'une organisation, nous recommandons l'utilisation de l'échelle développée par Narver et Slater (1990). Pour la dimension d'orientation technologie, nous préconisons l'emploi de l'échelle développée par Gatignon et Xuereb (1997), et pour la dimension d'orientation distributeurs celle proposée par Lambin (2002). Pour la mesure des **comportements** d'orientation marché d'une organisation, nous recommandons le recours à l'instrument développé par Kohli et Jaworski (1990). Ces différentes échelles ont été développées dans des contextes spécifiques. Par ailleurs, elles ne permettent pas de mesurer l'orientation fournisseurs. Pour ces deux raisons, une organisation peut être contrainte de développer une échelle de mesure originale. Nous recommandons dans ce cas la démarche présentée en détail p. 117.

Comment vérifier la qualité d'une échelle de mesure de l'orientation marché ?

La qualité d'une échelle de mesure recouvre à la fois sa fiabilité et sa validité. La fiabilité d'un instrument de mesure est vérifiée grâce au calcul de deux indicateurs : l'alpha de Cronbach et le rhô de Jöreskog. Vérifier la validité d'un instrument de mesure impose d'en contrôler la validité de contenu, la validité convergente, la validité discriminante et la validité de critère. Différentes techniques, rapidement présentées p. 136, sont pour cela disponibles.

Chapitre 4

Comment implémenter l'orientation marché dans une organisation ?

Le quatrième et dernier chapitre de cet ouvrage vise à répondre à une question centrale : comment implémenter l'orientation marché dans une organisation ? Quelle méthode faut-il suivre ? Malgré l'importance, notamment opérationnelle, de cette question, très peu d'approches **détaillées** ont été proposées. Il faut attendre 2001 pour qu'une démarche complète soit présentée. Ce constat est sans doute lié au fait que le développement d'une méthodologie fiable nécessite qu'elle soit mise en œuvre puis analysée par une démarche scientifique, ce qui pose le double problème de trouver un échantillon d'entreprises prêtes à expérimenter une méthodologie nouvelle et, pour le chercheur, d'allouer le temps nécessaire à l'analyse. Le présent chapitre est structuré autour de deux paragraphes, auxquelles correspondent autant de questions :

▪ **Quelles sont les démarches disponibles** ? Sera ici proposée une revue des démarches existantes. Celles-ci présentent systématiquement l'une des deux limites suivantes : elles peuvent être insuffisamment détaillées pour être opérationnalisables ; leur fiabilité peut par ailleurs ne pas avoir été analysée scientifiquement.

■ **Quelle méthode adopter ?** Les limites des méthodes qui seront présentées sont palliées par la démarche développée par Van Raaij (2001). Celle-ci sera en conséquence détaillée et concrètement illustrée.

Chapitre	Phase	Questions opérationnelles abordées
1	① Phase de **diagnostic**	• Quelle **culture** doit développer une organisation qui veut être davantage orientée marché ? • Quels **comportements** doit-elle favoriser ? • Quelles **caractéristiques** doit-elle posséder ?
2		• Quelles **conditions** doivent être respectées pour que plus d'orientation marché conduise à plus de performance ?
3		• Comment **mesurer et contrôler** le niveau d'orientation marché d'une organisation ?
4	② Phase de **mise en œuvre**	• Comment **implémenter** l'orientation marché dans une organisation ? Quelle méthode faut-il suivre ?

Quelles sont les démarches disponibles ?

Avant 2001, plusieurs démarches d'implémentation de l'orientation marché ont été développées. Celles-ci se limitent en général à quelques recommandations. Nous en proposons dans les paragraphes suivants une synthèse.

La démarche de Webster (1988)

Pour Webster, l'implémentation de l'orientation marché doit reposer sur **cinq principes méthodologiques**. Les suivre conduira l'organisation à être davantage orientée marché. Ces principes sont les suivants :

– le développement d'un système de croyances et de valeurs orientées vers le marché et encouragées par les cadres dirigeants de l'entreprise ;

- la focalisation du plan stratégique de l'organisation vers le marché et vers les consommateurs ;
- le développement de politiques marketing performantes et le recrutement ou la formation de cadres marketing efficaces pour les mettre en œuvre ;
- le développement et l'utilisation d'instruments de mesure de la performance centrés sur le marché ;
- le développement, dans toute l'organisation, de l'implication vers les consommateurs.

Cette démarche reste trop peu détaillée pour être opérationnalisable. En particulier, aucune réponse n'est apportée sur la manière d'agencer ces différents principes. Peuvent-ils constituer les différentes étapes d'une méthodologie ? Aucun outil n'est par ailleurs proposé pour respecter ces principes. Dans un travail ultérieur datant de 1994, Webster enrichit cette première approche en listant quinze pistes pour implémenter l'orientation marché. Celles-ci ne permettent pas pour autant de pallier le trop faible niveau de détails de la démarche proposée.

La démarche de Payne (1988)

La démarche proposée par Payne est plus précise et plus structurée que celle de Webster. Elle se décompose en **trois étapes** qui viennent former une méthode intégrée. Ces étapes sont :

- le diagnostic des différentes orientations présentes dans l'organisation ;
- le diagnostic de son niveau actuel de performance marketing ;
- la mise en œuvre d'un plan de développement pour augmenter son niveau d'orientation marché.

Cette dernière étape, la plus importante, est elle-même composée de cinq sous-phases :

▨ Au cours de la première, il s'agit de faire un **diagnostic de l'organisation**. Payne recommande ici d'utiliser le schéma des 7 S (Waterman et *alii*, 1980). Celui-ci, développé par une équipe de consultants de McKinsey et désormais célèbre, postule qu'une organisation est formée de sept éléments en interaction. Ces éléments peuvent être classés en deux groupes : les éléments tangibles et les éléments intangibles. Les éléments tangibles sont faciles à identifier. Ils peuvent être déterminés par une analyse des plans stratégiques, de la mission de l'entreprise, ou de toute autre documentation. Ces éléments sont la stratégie de l'entreprise, sa structure, et les systèmes qui la composent. Les éléments intangibles sont difficiles à identifier. Ils se développent et se modifient à mesure que l'organisation évolue. Ces éléments sont les compétences présentent dans l'entreprise (*skill*), les ressources humaines mobilisables (*staff*), les styles qui la caractérisent (la culture de l'organisation et les styles de management) et les valeurs partagées par ses membres (*shared values*).

- Au cours d'une seconde sous-phase, il s'agit d'identifier un « **champion** » qui va coordonner et valoriser dans l'organisation le projet de développement de son niveau d'orientation marché.

- Au cours d'une troisième sous-phase, il s'agit de faire un diagnostic des **besoins de formation** nécessaires au succès de ce projet.

- Au cours d'une quatrième sous-phase, il s'agit de mettre au point un **programme** de formation et de développement apte à satisfaire ces besoins.

- Au cours d'une dernière sous-phase, il s'agit enfin d'organiser les **activités** de support permettant de mettre en œuvre ce programme.

La démarche proposée par Payne, si elle est plus précise que celle de Webster, se heurte à l'absence de proposition d'outils pour franchir chacune des étapes qui la composent. Elle apparaît en ce sens trop imprécise pour être réellement opérationnalisable. Van Raaij reprendra en partie les phases proposées, en les enrichissant de nouvelles étapes et de nouveaux outils permettant leur franchissement.

La démarche de Kohli et Jaworski (1990)

Nous avons eu l'occasion d'indiquer que Kohli et Jaworski (1990) initient l'approche comportementale de l'orientation marché. Ils en distinguent trois comportements caractéristiques : la production d'informations, la diffusion de ces informations et la réaction à ces informations[1]. À partir d'une étude empirique, 62 entretiens semi-directifs auprès de cadres nord-américains, ils identifient également les **antécédents** de ces trois comportements. Le principe est alors simple : puisque ceux-ci ont un impact sur le niveau d'orientation marché d'une organisation, les développer conduira à en accroître le niveau, et par conséquent à l'implémenter. Depuis, de nouveaux antécédents ont été identifiés. Le tableau 2 présenté au chapitre 1 en propose une liste exhaustive.

La démarche de Lichtenthal et Wilson (1992)

La démarche proposée par Lichtenthal et Wilson repose sur un principe simple : les valeurs et les normes d'une organisation cadrent et normalisent les comportements de ses membres. Une organisation soucieuse de développer son niveau d'orientation marché doit par conséquent transmettre les **valeurs** appropriées et produire un ensemble de **normes** induisant les comportements attendus. Il s'agit ainsi d'une approche culturelle du problème. Trois étapes sont suggérées :

▪ Dans un premier temps, il s'agit de réaliser un **diagnostic** du système de valeurs de l'organisation.

▪ Dans un second temps, il s'agit de déterminer **quelles valeurs doivent être modifiées** pour encourager, de manière indirecte, le développement de comportements conformes à ceux d'une organisation orientée marché.

---

1. Pour plus de détails, nous renvoyons au chapitre 1.

▨ Dans un troisième temps, il s'agit de **transformer** ces valeurs. Cette transformation doit être initiée par les cadres dirigeants, le projet touchant l'ensemble de l'organisation. Techniquement, plusieurs pistes sont proposées : la modification des tâches des salariés, la mise en place de programmes de formation, de programmes de communication et de mécanismes de récompenses aptes à favoriser les comportements attendus.

Cette démarche enrichit celle proposée par Payne. Elle met en relief les aspects culturels d'un projet d'implémentation de l'orientation marché. Une synthèse de ces deux approches est donc possible, sinon souhaitable. La méthode proposée par Van Raaij la réalise, tout en enrichissant chacune de ces approches.

La démarche de Ruekert (1992)

Ruekert propose davantage des recommandations qu'une véritable méthode. Ces recommandations portent sur deux éléments complémentaires : le diagnostic et le processus d'implémentation.

▨ Quant au **diagnostic**, Ruekert recommande l'utilisation d'un questionnaire administré auprès de l'ensemble des managers. Ce questionnaire, outre le niveau initial d'orientation marché de l'organisation, doit mesurer l'état des systèmes de recrutement, de formation, de récompense, et de performance des unités stratégiques.

▨ Quant au processus d'**implémentation** de l'orientation marché, il est recommandé que les structures et les processus de l'organisation favorisent les changements de comportements. Techniquement, il est suggéré d'utiliser les systèmes de recrutement, de formation et de récompense. Cette démarche, à l'instar de celle de Webster, est trop peu détaillée pour être opérationnalisable et reste limitée à des principes de mise en œuvre. En particulier, aucune étape n'est proposée pour franchir la phase d'implémentation, pourtant centrale.

La démarche de Day (1994)

Selon Day, l'orientation marché d'une organisation se traduit par des **compétences** supérieures dans la compréhension et la satisfaction des consommateurs. Dans cette perspective, il propose une démarche d'implémentation apte à développer ces compétences. Celle-ci comprend cinq étapes :

- le diagnostic des compétences actuelles ;
- l'identification des futures compétences nécessaires ;
- la définition de projets de changement ;
- l'implication des cadres dirigeants dans ces projets ;
- le contrôle continu des progrès.

La **troisième étape** est centrale. Techniquement, la réussite des projets de changements peut être facilitée par le développement de systèmes d'informations collaboratifs, et par la mise en place d'un système d'incitation, d'un programme de formation et de forums de discussion des progrès réalisés. La démarche proposée par Day a été enrichie par Biemans (1995). Celui-ci propose d'enrichir la première phase par un triple diagnostic : celui des interactions entre les membres de l'organisation, celui de la qualité de l'apprentissage organisationnel et celui de la capacité de l'organisation à s'améliorer de manière continue.

La démarche de Kennedy, Goolsby et Arnould (2003)

La recherche de Kennedy, Goolsby et Arnould **explore** la manière dont une organisation (un établissement d'enseignement nord-américain) implémente l'orientation vers les consommateurs. À partir d'une étude ethnographique en situation, l'importance des dirigeants, de la coordination interfonctionnelle, et des processus informationnels pour implémenter l'orientation vers les consommateurs est vérifiée. Six recommandations supplémentaires sont formulées :

- Les dirigeants et les membres de l'organisation chargés du projet de changement doivent rester en contact permanent.

- L'implication des dirigeants dans le projet doit être communiquée à l'ensemble des membres de l'organisation et perçue comme authentique.

- Des ressources spécifiques doivent être allouées par les dirigeants pour mettre en œuvre le projet et pour atteindre les objectifs fixés.

- Une fois le projet lancé, les dirigeants doivent déléguer la décision aux niveaux opérationnels.

- Une vision claire et partagée du projet doit être développée.

- La performance des actions de changements doit être clairement évaluée et communiquée.

Cette démarche, à l'instar de celles de Webster ou de Ruekert, est trop peu détaillée pour être opérationnalisable et reste limitée à des principes de mise en œuvre.

Notre recommandation :
la méthode de Van Raaij (2001)

Les démarches présentées plus haut ont une double caractéristique. Elles sont en premier lieu, comme le souligne la figure 7, **hétérogènes**. Certaines sont conceptuelles, d'autres très empiriques, certaines sont focalisées sur la transformation du système de valeurs, d'autres sur la modification des processus et des activités. Une synthèse et une clarification apparaissent, dans ce contexte, nécessaires. Ces démarches sont en second lieu **insuffisamment détaillées**. Certaines ne présentent que des recommandations pratiques incomplètes. D'autres, lorsqu'elles proposent une méthode structurée autour de plusieurs étapes, ne présentent aucun outil permettant concrètement de les franchir. Une méthode détaillée et synthétique apparaît ainsi indispensable.

Nous recommandons en ce sens de suivre la démarche développée par Van Raaij (2001). Son travail, qui s'appuie sur l'étude extensive de deux cas d'entreprise, propose à la fois une synthèse et une clarification des démarches antérieures, et une démarche appuyée par de nombreux outils concrets. Elle apparaît ainsi comme la méthode la plus précise disponible à ce jour. Nous la présentons en détail ici en deux sous-parties. Dans un premier temps, nous faisons quelques commentaires préalables qui éclaireront le principe général de la méthode. Dans un second temps, nous détaillons chacune des étapes qui la composent.

Figure 7. Les méthodes d'implémentation existantes

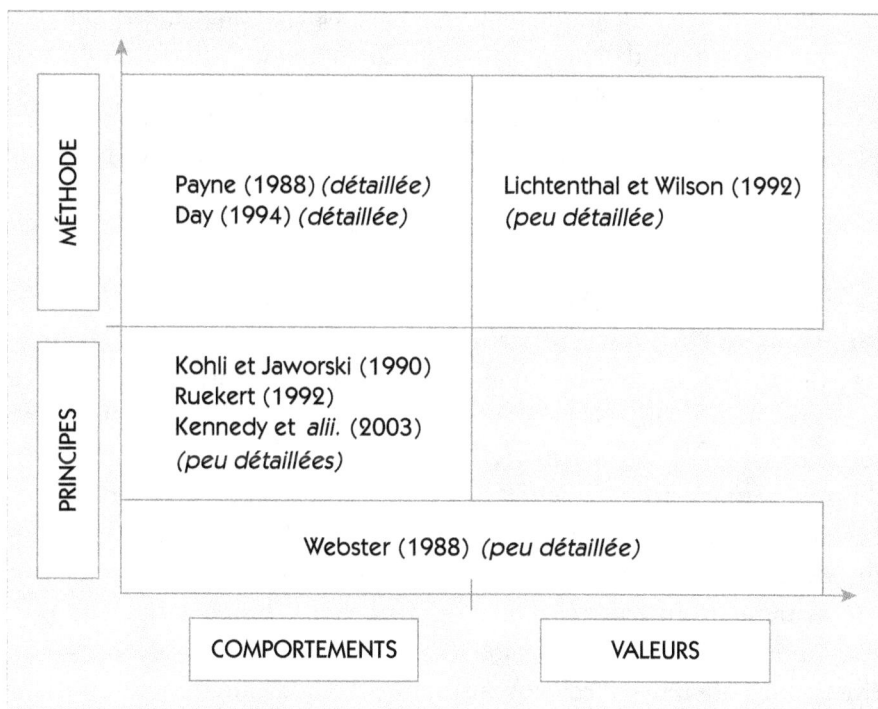

MÉTHODE	Payne (1988) *(détaillée)* Day (1994) *(détaillée)*	Lichtenthal et Wilson (1992) *(peu détaillée)*
PRINCIPES	Kohli et Jaworski (1990) Ruekert (1992) Kennedy et *alii.* (2003) *(peu détaillées)*	
	Webster (1988) *(peu détaillée)*	
	COMPORTEMENTS	VALEURS

Un double principe méthodologique

La méthode proposée par Van Raaij suit un double principe méthodologique. Le premier postule que le développement d'une culture d'orientation marché au sein d'une organisation passe par l'encouragement des **comportements** caractéristiques de l'orientation marché. De manière indirecte, de nouveaux comportements façonneront à terme de nouvelles attitudes, de nouvelles croyances, de nouvelles valeurs, et, finalement, une nouvelle culture organisationnelle. Dans ce contexte, l'organisation doit systématiquement favoriser et renforcer les comportements attendus. À terme, ceux-ci conduiront, par un double processus d'internalisation et d'apprentissage, à la mise en place du système de croyances et de valeurs attendu.

> Zell (1997) (*in* Van Raaij, 2001) décrit le processus par lequel deux unités stratégiques de HEWLETT PACKARD, soucieuses d'accroître leur degré d'orientation vers les **consommateurs**, ont commencé par définir de nouveaux comportements et par transformer l'organisation pour les favoriser et les renforcer. Grâce à un effort constant pour encourager ces comportements, la culture de l'organisation a été transformée. Les deux cas d'entreprises étudiés par Van Raaij, et détaillés ci-après, confirment par ailleurs ce constat.

Le second principe méthodologique postule que le processus de transformation de l'organisation est nécessairement **incrémental**. Des limites cognitives et méthodologiques (peut-on penser de manière performante un processus de transformation organisationnelle d'une telle ampleur ?[1]) ne permettent pas de développer une méthode d'implémentation de l'orientation marché qui soit *a priori* efficace et exhaustive (March et Simon, 1958 ; Quinn, 1992)[2]. Certains processus de transformations pourront ainsi être planifiés, d'autres seront nécessairement émergents. Dans ce contexte, l'équipe dirigeante doit être impérativement capable de rendre les projets de transformation émergents cohérents avec ceux qui sont planifiés, notamment en développant une vision claire, argumentée, partagée et fédératrice de l'objectif à atteindre (voir ci-dessous).

---

1. Rappelons à ce sujet que l'orientation marché d'une organisation désigne à la fois une culture et un ensemble de comportements. Il s'agit donc bien d'opérer une double transformation de l'organisation : celle de sa culture et celle de ses comportements.
2. Seules des principes méthodologiques, des lignes directrices et des pistes de mise en œuvre peuvent par conséquent être présentés.

La méthode

La méthode proposée par Van Raaij (2001) a été développée en deux temps. Une revue de littérature, en particulier des démarches existantes et des méthodologies de changement, a dans un premier temps permis de jeter les premières bases de la démarche. Celle-ci a été mise en œuvre dans un second temps dans deux entreprises, RCC et NOVUM NL[1], sur une période de cinq ans (avril 1997-septembre 2001). L'analyse des résultats obtenus et des difficultés rencontrées a permis d'améliorer la méthode. La démarche finalement développée est schématisée à la figure ci-après :

Figure 8. Méthode d'implémentation de l'orientation marché

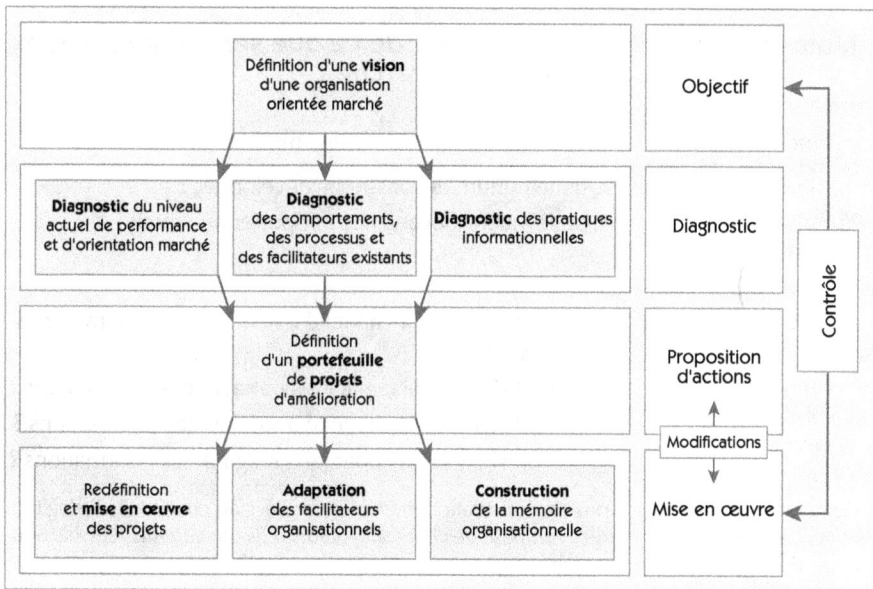

---

1. Noms fictifs. L'entreprise sur laquelle Van Raaij s'est davantage appuyé est NOVUM NL. C'est une entreprise industrielle, principalement présente sur le marché de la santé, qui est implantée dans 60 pays et dont les produits sont vendus dans plus de 200.

Cette méthode est composée de quatre étapes : la définition des objectifs, le diagnostic de la situation actuelle, la proposition d'actions, et la mise en œuvre de ces actions. Nous détaillons ci-après chacune de ces étapes[1].

Définition des objectifs (vision)

La première étape de la méthode est celle de la définition des objectifs. Il s'agit ici de développer une **vision** de ce que deviendra l'organisation lorsqu'elle sera orientée marché. Plus précisément, il s'agit de déterminer ce que sera sa culture et ce que seront ses comportements.

Nous proposons qu'une réponse soit ici apportée à six questions complémentaires :

Tableau 17. Développer une vision de ce que sera l'organisation orientée marché

Type de vision	Questions
Pour développer une vision de la **culture** à développer	• Quelle culture devons-nous développer ? • Quelle valeur devons-nous apporter au marché[*] ?
Pour développer une vision des **comportements** organisationnels à développer	• Que doit signifier la capacité à acquérir des informations sur le marché ? • Que doit signifier la capacité à partager ces informations ? • Que doit signifier la capacité à stocker ces informations ? • Que doit signifier la capacité à réagir à ces informations ?

* Conformément aux définitions de l'orientation marché présentées au chapitre 1, il s'agit du marché entendu au sens large, composé des consommateurs, des concurrents, des distributeurs, des fournisseurs et des technologies disponibles.

---

1. La phase de contrôle sera réalisée par une comparaison des mesures *ante /post* du niveau d'orientation marché de l'organisation. Pour une présentation complète de la méthode de mesure, nous renvoyons au chapitre 3.

Trois remarques sont ici nécessaires :

- En premier lieu, le chapitre 1 a permis de présenter la culture et les comportements caractéristiques d'une organisation orientée marché. Il constitue par conséquent un guide pour aider à répondre à ces différentes questions.

- En second lieu, les réponses sont dépendantes de la nature de l'organisation et du secteur où celle-ci évolue. Proposer une réponse définitive et unique à chacune de ces six questions n'aurait par conséquent aucun sens.

- En dernier lieu, les réponses qui seront apportées concerneront l'ensemble de l'organisation. L'implication de la direction nous paraît à ce titre indispensable. Par ailleurs, celle-ci a une seconde utilité. Elle permettra de rendre cohérente la vision de ce que deviendra l'organisation lorsqu'elle sera orientée marché avec sa direction stratégique. Dans une étude des facteurs de succès d'un projet d'implémentation, Noble et Mokwa (1999) ont en effet montré que cette cohérence est l'un des principaux leviers pour assurer l'implication des cadres dans le projet.

Diagnostic de la situation actuelle

La seconde étape de la méthode est celle du diagnostic de la situation actuelle. Une équipe projet doit être ici constituée, sous contrôle de la direction. Celle-ci devra répondre à une double interrogation :

Tableau 18. Diagnostic de la situation actuelle

Questions	Diagnostics
Que faut-il améliorer ? Quelle est l'ampleur de l'amélioration ?	• Diagnostic de performance commerciale et financière ; • Diagnostic du niveau d'orientation marché ;
Quelles sont les raisons de ces faiblesses ?	• Diagnostic des comportements, des processus et des compétences (notamment informationnels).

Le diagnostic du niveau d'**orientation marché** doit être réalisé en suivant la démarche présentée en détail au chapitre 3.

Le diagnostic du niveau de **performance** de l'organisation doit porter sur la qualité de la relation de l'organisation avec son marché. Quatre indicateurs peuvent en particulier être utilisés :

- la performance commerciale et financière de l'organisation (ex. : chiffre d'affaires, part de marché, part des produits nouveaux dans le chiffre d'affaires…) ;
- la satisfaction des consommateurs et/ou des distributeurs ;
- la fidélité des consommateurs, des distributeurs et/ou des fournisseurs ;
- la perception, par les consommateurs et/ou les distributeurs, de la valeur apportée par l'organisation.

Le diagnostic de la performance de l'organisation doit être une aide pour convaincre les salariés de la nécessité et de l'importance du projet. Celui-ci doit être « alarmant », mais sans excès (Day, 1999). Les indicateurs de performance insatisfaisants doivent alors être mis en relation avec le projet proposé pour montrer que les changements souhaités sont importants pour assurer la performance de l'organisation. « L'importance » du projet a été identifiée comme l'un des principaux leviers pour assurer l'implication des cadres dans un projet (Noble et Mokwa, 1999).

> L'entreprise NOVUM NL a souvent utilisé les données disponibles sur la croissance des ventes pour souligner la nécessité de *« construire une organisation davantage focalisée sur ses consommateurs ».*

Le diagnostic des **comportements**, des **processus** et des **compétences** peut aider à comprendre les raisons d'un manque de performance et/ou d'orientation marché. La qualité de cinq processus peut être ici évaluée :

- celle des processus informationnels (la production, le partage et le stockage des informations sur le marché) ;

– celle du processus de sélection des marchés (la segmentation et le ciblage) ;

– celle du processus de conception de la valeur (le positionnement, le marketing-mix et la veille technologique) ;

– celle du processus de production de la valeur (la recherche et développement, le système de production et la logistique) ;

– celle du processus de contrôle de la valeur (les études de marché consommateurs et distributeurs).

Chacun de ces cinq processus peut être une source d'amélioration pour une organisation souhaitant devenir davantage orientée marché. Le diagnostic des dysfonctionnements doit se faire à partir de sources internes (les membres de l'organisation), mais aussi de sources externes (les consommateurs, les distributeurs et les fournisseurs). Il a en effet été montré que les perceptions internes ne sont pas toujours fiables (Steinman et *alii*, 2000).

Proposition d'actions (projets de transformation de l'organisation)

La troisième étape de la méthode est celle de la proposition d'actions d'amélioration. Les domaines d'amélioration doivent être en lien avec les cinq processus qui peuvent être reconfigurés (cf. étape précédente). Ces domaines d'amélioration doivent être transformés en un ensemble de **projets**, gérés par une équipe sous contrôle de la direction. Le rôle de cette équipe est d'évaluer si ces projets conduiront aux changements attendus, et s'ils traiteront les principales causes du déficit de performance et/ou d'orientation marché diagnostiqué à l'étape précédente. Ces projets d'amélioration porteront sur le développement de nouveaux processus et de nouveaux comportements, dans la plupart des cas informationnels, et propres à chaque organisation. Ces changements peuvent être planifiés ou émergents. Les premiers sont décidés par l'équipe en charge de la gestion des projets, les seconds ont pour origine des comportements autonomes de membres de l'organisation. L'avantage des premiers est qu'ils peuvent être conçus de façon à avoir une cohérence maximale avec la direction stratégique décidée par l'organisation, l'avantage des seconds est lié au fait qu'un promoteur motivé du projet, sur lequel s'appuyer, existe déjà.

> L'exemple de l'entreprise NOVUM NL a clairement illustré l'importance des projets émergents dans la transformation d'une organisation vers un plus fort degré d'orientation marché. Le projet CRM (*Customer Relationship Management*) n'a pas ainsi été planifié par l'équipe en charge des projets d'amélioration. Il a été proposé par une équipe autonome de salariés, et a par la suite été réorienté et recadré. Il est devenu l'un des projets phare du portefeuille de NOVUM NL.

Mise en œuvre

La dernière étape est celle de la mise en œuvre des projets d'amélioration. Les **facilitateurs** organisationnels doivent y jouer un rôle central[1]. Ceux-ci ont pour objectif d'aider la mise en œuvre des projets d'amélioration en développant les comportements individuels nécessaires. Pour qu'une organisation devienne davantage orientée marché, il faut en effet que les comportements attendus, et formalisés dans ces projets d'amélioration, soient effectivement adoptés[2]. Le modèle MOA, ou « modèle triade », peut ici être utilisé. Celui-ci stipule que pour qu'un comportement ait lieu, il faut que l'acteur soit motivé, il faut qu'il ait l'opportunité d'adopter ce comportement et il faut qu'il soit apte à le mettre en œuvre.

---

1. Nous présentons ici les facilitateurs identifiés par Van Raaij. Il faut leur ajouter les antécédents, les médiateurs et les modérateurs de l'orientation marché présentés au chapitre 1. Ceux-ci peuvent constituer aussi bien des **facilitateurs** que des **barrières** organisationnels du développement du niveau d'orientation marché d'une organisation.
2. Si la mise en œuvre des projets de transformation ne permet pas d'atteindre les objectifs fixés, de nouveaux projets devront être développés. Une phase de contrôle est par conséquent indispensable.

La motivation

La motivation peut être définie comme le désir ou la volonté qui impulse et dirige un comportement. Le feedback est l'un des leviers les plus classiques pour motiver un comportement. Il recouvre deux dimensions complémentaires : les récompenses et l'information.

- **Les récompenses** peuvent être positives ou négatives, formelles ou informelles, financières ou non financières, publiques ou privées. Les feedbacks négatifs, autrement dit les sanctions, ne sont pas recommandés. Deux pistes sont privilégiées par Van Raaij : les primes financières et les cérémonies de remise de prix, celles-ci venant récompenser des comportements exemplaires. Les comportements mis en avant par l'organisation, pour leur expertise ou leur prestige, peuvent alors conduire les autres membres à les imiter pour y être associés ou en raison des conséquences positives qui leur sont liées.

- **L'information** sur les conséquences des comportements est la seconde dimension du feedback. Il s'agit ici de mettre en place des systèmes informant rapidement et avec précision les membres de l'organisation des conséquences de leurs actes. Les quatre indicateurs de performance présentés précédemment peuvent être ici repris. Il s'agit de la performance **commerciale et financière**, de la **fidélité** des consommateurs, des distributeurs et/ou des fournisseurs, de la **satisfaction** des consommateurs et/ou des distributeurs, et de la **perception**, par les consommateurs et/ou les distributeurs, de la valeur apportée par l'organisation.

L'opportunité

Pour qu'un comportement ait lieu, il faut que les conditions nécessaires à l'adoption de ce comportement soient réunies. Quatre leviers peuvent être utilisés par une organisation soucieuse de développer son niveau d'orientation marché : les réseaux d'information, les rôles et les responsabilités, les outils et les méthodes et processus.

■ **Les réseaux d'information**. Pour faciliter la production d'informations, l'organisation doit densifier ses réseaux **externes**. La densification des liens avec les consommateurs, les distributeurs, les fournisseurs, les consultants, les chercheurs, voire les concurrents, favorise le recueil rapide d'informations pertinentes sur le marché (Sinkula, 1994). La diversité de ces liens est par ailleurs importante. Ils doivent refléter la diversité des acteurs du marché. La fréquence de ces liens est déterminante. Ils doivent permettre d'acquérir rapidement des informations. La qualité de ces liens est enfin essentielle. Ils doivent conduire à posséder des informations fiables sur le marché. Pour faciliter le partage des informations portant sur le marché, l'organisation doit par ailleurs densifier ses réseaux **internes**. Plusieurs pistes peuvent pour cela être suivies : des réunions périodiques entre employés de départements différents, des repas interdépartements, des activités sportives entre équipes composées de membres de différents départements, des échanges d'employés entre départements, des programmes de formation inter-départements, des départements physiquement proches, la mise en place d'équipes inter-fonctionnelles, ou le développement des technologies de l'information et de la communication (NTIC).

NOVUM NL a fusionné les départements « vente et marketing » et « service aux consommateurs ».

■ **Les rôles et les responsabilités**. Si l'organisation désire que ses membres adoptent de nouveaux comportements, ceux-ci doivent être transcrits dans les tâches qui leur sont assignées.

NOVUM NL a créé de nouveaux rôles : des groupes de ventes centrés sur le marché ont été mis en place, et de nouvelles responsabilités ont été confiées au service comptabilité.

- **Les outils.** De nouveaux comportements nécessitent de nouveaux outils. Des outils de veille sont essentiels à la production d'informations, des outils de communication sont essentiels à leur partage (Intranet, GroupWare…), des outils de gestion, notamment marketing, sont déterminants pour leur utilisation efficace.

  > NOVUM NL a mis en place de nouveaux outils de gestion : de nouveaux instruments de mesure de la satisfaction des consommateurs ont été développés, de nouveaux outils de gestion marketing ont été implémentés (afin de mieux répondre aux attentes du marché), de nouveaux outils de CRM (*Customer Relationship Management*) ont été mis en place.

- **Les méthodes et processus.** Le niveau d'orientation marché de l'organisation peut finalement être accru par une description claire des comportements attendus. Ceux-ci peuvent être formalisés par de nouveaux processus et de nouvelles méthodes de travail.

  > NOVUM NL a consigné tous ses processus de gestion, notamment marketing, de façon à ce qu'ils soient décrits de manière formelle et accessibles à chaque salarié.

La capacité

Le dernier élément du modèle MOA porte sur le développement de la capacité des salariés à suivre les comportements d'orientation marché attendus par l'organisation. Il s'agit ici de développer les compétences des salariés. Deux pistes peuvent être suivies : celle des programmes de formation et celle des processus de recrutement et de sélection.

> HEWLETT PACKARD a souhaité développer son niveau d'orientation vers les **consommateurs**. Dans ce contexte, il était, entre autres, demandé aux ingénieurs de faire des visites commerciales auprès des consommateurs. Un audit (phase 1) a révélé que la plupart des ingénieurs ne possédaient pas les qualités relationnelles nécessaires. Des programmes de formation spécifiques ont alors été mis en place (d'après Zell (1997) *in* Van Raaij 2001).

Synthèse

En résumé, les différents facilitateurs organisationnels encourageant l'implémentation de l'orientation marché dans une organisation peuvent être présentés de manière synthétique au tableau suivant :

Tableau 19. Les facilitateurs organisationnels du développement du niveau d'orientation marché d'une organisation

Modèle MOA	Facilitateur	Action managériale
Motivation	Feedback	• Évaluer et récompenser les comportements de production, de partage et d'utilisation des informations sur le marché. • Fournir aux salariés une information sur la performance de leurs actions. • Mettre en avant les comportements exemplaires.
Opportunité	Réseaux informationnels	• Développer les activités relationnelles et placer physiquement les salariés de manière à encourager les réseaux informationnels internes et externes.
	Rôles et responsabilités	• Incorporer des activités orientées marché dans la spécification des tâches.
	Outils	• Investir dans des outils (ex. : NTIC) facilitant et encourageant les comportements orientés marché.
	Processus et méthodes	• Développer et communiquer les processus et les méthodes attendus.
Capacité (*ability*)	Compétences	• Développer les compétences nécessaires par la formation, le recrutement et la sélection des salariés.

Quelques recommandations

Concernant la phase de **diagnostic**, Van Raaij recommande d'utiliser des mesures variées de performance financière et non financière de l'organisation. Il recommande d'évaluer les comportements, l'utilisation des facilitateurs organisationnels et les processus. Il recommande enfin d'évaluer plus particulièrement les processus informationnels.

Concernant la phase de **mise en œuvre**, il est recommandé d'améliorer la qualité de cinq processus : celle des processus informationnels (la production, le partage et le stockage d'informations sur le marché), celle du processus de sélection des marchés (la segmentation et le ciblage), celle du processus de conception de la valeur (le positionnement, le mix-marketing et la veille technologique), celle du processus de production de la valeur (la R&D, le système de production et la logistique) et celle du processus de contrôle de la valeur (les études de marché consommateurs et distributeurs).

Concernant la phase de **contrôle**, il est recommandé d'évaluer les nouveaux processus en utilisant des mesures de la performance qui soient financières et non financières, et qui se situent au niveau du marché et au niveau de l'organisation.

Conclusion

Le dernier chapitre de cet ouvrage visait à répondre à une question principale : comment implémenter l'orientation marché dans une organisation ? Quelle méthode suivre ? Nous avons répondu à cette interrogation en présentant successivement :

- les méthodes existantes,
- la méthodologie que nous recommandons, celle de Van Raaij (2001).

D'un point de vue opérationnel, ces différents points nous ont permis de franchir l'étape finale de notre méthodologie, celle de la **mise en œuvre**. Nous disposons ainsi à présent d'un ensemble de concepts, de méthodes et d'outils permettant :

- de diagnostiquer le niveau d'orientation marché d'une organisation,
- de fixer les objectifs à atteindre,
- d'implémenter l'orientation marché dans une organisation.

Notre point de vue. La méthode d'implémentation que nous recommandons, celle de Van Raaij (2001), pour intéressante qu'elle soit, n'en présente pas moins un certain nombre de limites. Deux sont à notre sens centrales. En premier lieu, la démarche proposée n'intègre pas **le rôle des médiateurs et des modérateurs** qui, comme nous l'avons souligné au chapitre 2, peuvent renforcer ou absorber, voire annuler, les effets de l'orientation marché sur la performance, qu'il s'agisse de celle de l'organisation ou d'un produit nouveau. Nous avons pu nous-mêmes constater de telles absences d'impact dans nos propres recherches. Il est ainsi possible que le programme de transformation mis en place ne produise aucun effet, et qu'il ne reste par conséquent qu'une source de coûts. Aussi, recommandons-nous avec insistance de porter une attention particulière à ces variables. Cela signifie : les connaître[1], les mesurer de manière fiable et valide, et, lorsque cela est possible, les maximiser ou les minimiser selon le sens de l'effet médiateur ou modérateur. Nous détaillons au chapitre 2 les pistes à suivre. En second lieu, la méthode proposée par Van Raaij parle peu des mécanismes bien connus de **résistance au changement**[2]. Ceux-ci sont inévitables dans un projet de transformation culturelle lourd tel que celui décrit dans cet ouvrage. Pour lever ces résistances, rappelons simplement ici que le principe est de permettre aux individus de comprendre et d'accepter les transformations organisationnelles. Il est en général recommandé d'impliquer les salariés, de les former, de les motiver, et de communiquer sur le projet et sur son urgence. Pour une approche plus détaillée, nous renvoyons aux ouvrages spécialisés.

---

1. De nouvelles variables médiatrices ou modératrices sont régulièrement identifiées par la recherche académique. Notre ouvrage en propose une synthèse en mai 2004. Pour son actualisation, nous recommandons la consultation de moteurs de recherche du type Proquest (http://proquest.umi.com/pqdweb).
2. L'origine de ces résistances peut-être individuelle (le changement est synonyme de rupture), collective (liée à la transformation des normes, des rites, des systèmes de valeur antérieurs) et organisationnelle (liée à la rigidité de la structure et au climat de l'organisation).

Fiche de synthèse du chapitre 4

Quelles sont les méthodes disponibles pour implémenter l'orientation marché ?

Huit méthodes sont aujourd'hui disponibles : celle de Webster (1988), de Payne (1988), de Kohli et Jaworski (1990), de Liechtenthal et Wilson (1992), de Ruekert (1992), de Day (1994), de Van Raaij (2001), et de Kennedy, Goolsby et Arnould (2003). Ces méthodes sont présentées en détail. Nous recommandons l'utilisation de la méthode proposée par Van Raiij, plus complète, mieux outillée, et testée auprès de deux entreprises.

Quelle est la méthode développée par Van Raaij ?

Van Raaij propose une méthode reposant sur deux principes : afin de développer une culture d'orientation marché, il faut favoriser les comportements d'orientation marché (qui induiront à terme le développement de la culture souhaitée), il faut implémenter les comportements d'orientation marché grâce à des projets de transformation à la fois planifiés et émergents. Quatre étapes doivent être franchies :

- le développement d'une vision claire, argumentée, partagée et fédératrice de ce que doit devenir l'organisation ;

- le diagnostic de la situation actuelle : niveau d'orientation marché, de performance et diagnostic des comportements, des processus, et des compétences ;

- la définition d'un portefeuille de projets d'amélioration et de transformation ;

- la mise en œuvre de ces projets, grâce aux facilitateurs organisationnels (modèle MOA : motivation, opportunité, capacité).

L'ensemble de ces étapes est par ailleurs détaillé, illustré et commenté.

Conclusion

Les messages clés

Cet ouvrage était consacré à l'orientation marché : à sa définition, à l'analyse de son impact sur la performance, qu'il s'agisse de celle d'une organisation ou d'un produit nouveau, et à la méthodologie de son implémentation. À travers les concepts, les méthodes, les outils et les exemples présentés, nous espérons avoir donné au lecteur les éléments nécessaires à une bonne connaissance et à une bonne opérationnalisation du concept. Au terme de cet ouvrage, nous voudrions insister sur deux messages clés.

L'importance du concept d'orientation marché

Nous voudrions d'abord insister sur l'importance du concept, tant d'un point de vue opérationnel que théorique :

- **D'un point de vue opérationnel**, le concept a une triple pertinence :
  - Il est une extension du concept largement répandu « d'orientation clients ». Il l'englobe et le développe. Il constitue en ce sens une nouvelle source d'avantage concurrentiel, par ailleurs durable et défendable ;
  - Il permet d'intégrer dans une culture organisationnelle unique l'ensemble des acteurs du marché qui ont un impact sur le fonctionnement et la performance d'une organisation : les consom-

mateurs et les concurrents, mais aussi les distributeurs, les fournisseurs et les prescripteurs, sans oublier les éléments technologiques ;

- Il est un antécédent de la performance d'une organisation et des produits nouveaux qu'elle développe. Cet impact a été observé dans différents contextes : marchands ou non marchands, public ou privé, petites ou grandes entreprises, en Europe, en Amérique du Nord, en Asie, en Océanie ou en Afrique.

- **D'un point de vue théorique**, le concept d'orientation marché interroge directement l'impact de la mise en œuvre de l'état d'esprit marketing sur la performance. En ce sens, il porte sur la nature même de ce qu'est le marketing. Les recherches qui lui sont consacrées questionnent ainsi directement les conditions de l'efficacité et de la légitimité du marketing.

L'implémentation de l'orientation marché

Le concept d'orientation marché a longtemps souffert de l'absence d'une méthode fiable d'implémentation. Il s'agissait d'un reproche fréquent. Les recherches récentes ont permis de pallier cette limite. Dans ce contexte, nous voudrions insister ici sur deux points clés :

- Il est entendu qu'une organisation soucieuse d'implémenter une culture et des comportements d'orientation marché souhaite accroître sa performance ou celle des produits nouveaux qu'elle développe. Une recommandation est, dans ce contexte, centrale. Pour optimiser le niveau d'orientation marché d'une organisation et son impact sur la performance, il faut veiller à maximiser le niveau de ses **antécédents**, et celui des **médiateurs** et des **modérateurs** de la relation orientation marché-performance. Sans cela, les potentiels impacts favorables de l'orientation marché seront absorbés, voire annulés. Le programme de transformation culturelle mis en œuvre ne restera alors qu'un centre de coûts, sans conséquences positives. Face à cette absence d'effets, l'émergence de contrecoups négatifs serait alors possible : diminution de l'implication des salariés, découragements, résistances organisationnelles, perte de crédibilité de la direction…

▪ Le recours à une méthode fiable est nécessaire ; elle permet de réduire les risques, les coûts, d'aller plus vite et de mieux atteindre les objectifs attendus. Huit approches sont aujourd'hui disponibles. Nous recommandons l'utilisation de la méthode proposée par Van Raiij, plus complète, mieux outillée et testée auprès de deux grandes entreprises. Celle-ci repose sur **deux principes** essentiels. Afin de développer une **culture** d'orientation marché, il faut en favoriser les **comportements** caractéristiques. Ceux-ci induiront à terme le développement de la culture souhaitée. Les projets de transformation des comportements seront par ailleurs à la fois **planifiés** et **émergents**.

L'existence de méthodes fiables d'implémentation marque par ailleurs une nouvelle étape du développement de la notion d'orientation marché. D'un point de vue **managérial**, le concept devient enfin opérationnalisable. Sa diffusion et son application devraient en être favorisées. De manière induite, son enseignement devrait connaître un développement croissant, à l'instar de l'exemple nord-américain. D'un point de vue **académique**, le thème de recherche de l'implémentation devrait connaître un nouvel élan, comme en témoigne une publication très récente de Kennedy, Goolsby et Arnould (2003) au *Journal of Marketing*. Plus largement, plusieurs questions de recherche restent en suspens, notamment sur l'existence de nouveaux médiateurs et de nouveaux modérateurs, et sur leurs inter-relations. Le concept, comme en témoignent les nombreuses publications récentes, reste ainsi une source fertile de questionnement.

Bibliographie

Afin de mieux exploiter cette bibliographie, nous proposons trois niveaux de lecture :

    ***   central pour le sujet. Référence incontournable.

    **   non négligeable pour le sujet. Pour un approfondissement.

    *   éloigné du sujet.

** **Aaby N.E. & Slater S.F.** (1989), « Management influences on export performance : a review of the empirical literature », *International Marketing Review,* 6, 4, 7-26.

* **Andreani J.-C.** (2001), « Marketing du produit nouveau : 95 % des produits nouveaux échouent », *Revue Française du Marketing,* 182, 5-11.

** **Appiah-Adu K.** (1997), « Market orientation and performance : do the findings established in large firms hold in the small business sector ? » *Journal of Euro-Marketing,* 6, 3, 1-26.

** **Appiah-Adu K.** (1998), « Market orientation and performance : empirical tests in a transition economy », *Journal of Strategic Marketing,* 6, 1, 25-45.

** **Appiah-Adu K. & Ranchhod A.** (1998), « Market orientation and performance in the biotechnology industry : an exploratory empirical analysis », *Technology Analysis and Strategic Management,* 10, 2, 197-210.

** **Appiah-Adu K. & Singh S.** (1998), « Customer orientation and performance : a study of SMEs », *Management Decision,* 36, 6, 385-394.

* **Argyris C. & Schön D.A.** (1978), *Organizational Learning : a Theory of Action Perspective,* Addison-Wesley.

*** **Atuahene-Gima K.** (1995), « An exploratory analysis of the impact of market orientation on new product performance, a contingency approach », *Journal of Product Innovation Management,* 12, 4, 275-293.

*** **Atuahene-Gima K.** (1996), « Market orientation and innovation », *Journal of Business Research,* 35, 2, 93-103.

** **Au A.K.M. & Tse A.C.B.** (1995), « The effect of marketing orientation on company performance in the service sector : a comparative study of the hotel industry in Hong Kong and New Zealand », *Journal of International Consumer Marketing,* 8, 2, 77-87.

** **Avlonitis G.J. & Gounaris S.P.** (1997), « Marketing orientation and company performance, industrial vs. consumer goods companies », *Industrial Marketing Management,* 26, 5, 385-402.

* **Bagozzi R.P. & Yi Y.** (1991), « Multitrait-Multimethod matrices in consumer research », *Journal of Consumer Research,* 17, 4, 427-439.

** **Baker W.E. & Sinkula J.M.** (1999), « The synergistic effect of market orientation and learning orientation on organizational performance », *Journal of the Academy of Marketing Science,* 27, 4, 411-427.

** **Balabanis G., Stables R.E. & Phillips H.C.** (1997), « Market orientation in the top 200 British charity organizations and its impact on their performance », *European Journal of Marketing,* 31, 8, 583-603.

* **Baron R.M. & Kenny D.A.** (1986), « The moderator-mediator variable distinction in social psychological research : conceptual, strategic, and statistical considerations », *Journal of Personality and Social Psychology,* 51, 6, 1173-1182.

** **Becker J. & Homburg C.** (1999), « Market-oriented management : a system-based perspective », *Journal of Market-Focused Management,* 4, 1, 17-41.

* **Benoun M. & Héliès-Hassid M.L.** (2003), *Distribution, acteurs et stratégies,* Paris, Economica.

** **Bhuian S.N.** (1997), « Exploring market orientation in banks : an empirical examination in Saudi Arabia », *The Journal of Services Marketing,* 11, 5, 317-328.

** **Bhuian S.N.** (1998), « An empirical examination of market orientation in Saudi Arabian manufacturing companies », *Journal of Business Research,* 43, 1, 13-25.

** **Biemans W.G.** (1995), « Implementing market-oriented product development », *Technology Review,* 83, 47-53.

** **Bisp S., Harmsen H. & Grunert K.G.** (1996), « Improving measurement of market orientation – An attitude/activity based approach », *in* Beracs J., Bauer A. & Simon J. (eds.), *Marketing for an Expanding Europe – Proceedings of the Annual Conference of the European Marketing Academy,* Budapest, 14-17 may, 75-87.

*** **Cano C.R., Carrillat F.A. & Jaramillo F.** (2004), « A meta-analysis of the relationship between market orientation and business performance : evidence from five continents », *International Journal of Research in Marketing,* 21, 2, 179-200.

** **Caruana A., Pitt L. & Berthon P.** (1999), « Excellence-market orientation link : some consequences for services firms », *Journal of Business Research,* 44, 1, 5-15.

** **Caruana A., Ramaseshan B. & Ewing M.T.** (1999), « Market orientation and performance in the public sector : the role of organizational commitment », *Journal of Global Marketing,* 12, 3, 59-79.

** **Chang T.Z. & Chen S.J.** (1998), « Market orientation, service quality and business profitability : a conceptual model and empirical evidence », *The Journal of Services Marketing,* 12, 4, 246-264.

** **Chang Hung Ngai J.** (1998), « Market orientation and business performance : some evidence from Hongkong », *International Marketing Review,* 15, 2, 119-139.

* **Churchill G.A.** (1979), « A paradigm for developing better measures of marketing constructs », *Journal of Marketing Research,* 16, 1, 64-73.

* **Cronbach L.** (1951), « Coefficient alpha and the internal structure of tests », *Psychometrika,* 16, 3, 297-334.

** **Dawes J.** (2000), « Market orientation and company profitability : further evidence incorporating longitudinal data », *Australian Journal of Management,* 25, 2, 173-200.

*** **Day G.** (1994), « The capabilities of market-driven organizations », *Journal of Marketing,* 58, 3, 37-52.

** **Day G.** (1999), « Creating a market-driven organization », *Sloan Management Review,* Fall, 11-22.

** **Deng S. & Dart J.** (1994), « Measuring market orientation : a multi-factor, multi-item approach », *Journal of Marketing Management,* 10, 8, 725-742.

** **Deshpandé R. & Webster F.E.** (1989), « Organizational culture and marketing : defining the research agenda », *Journal of Marketing,* 53, 1, 3-15.

** **Deshpandé R., Farley J.U. & Webtser F.E.** (1993), « Corporate culture, customer orientation, and innovativeness in Japanese firms : a quadrad analysis », *Journal of Marketing,* 57, 1, 23-27.

* **Dess G.G. & Beard D.W.** (1984), « Dimensions of organizational task environments », *Administrative Science Quarterly,* 29, 1, 52-73.

* **Dess G.G. & Robinson R.** (1984), « Measuring organizational performance in the absence of objective measures : the case of the privately-held firms and conglomerate business units », *Strategic Management Journal,* 5, 3, 265-273.

** **Diamantopoulos A. & Hart S.** (1993), « Linking market orientation and company performance : preliminary evidence on Kohli et Jaworski's framework », *Journal of Strategic Marketing,* 1, 1, 93-121.

* **Doyle P. & Wong V.** (1997), « Marketing and competitive performance : an empirical study », *European Journal of Marketing*, 32, 5, 514-535.

* **Drucker P.F.** (1954), *The Practice of Management*, New York, Harper and Row.

* **Edgett S., Shipley D. & Forbes G.** (1992), « Japanese and British companies compared contributing factors to success and failure in NPD », *Journal of Product Innovation Management*, 9, 1, 3-10.

* **Evrard Y, Pras B. & Roux E.** (1997), *Market, études et recherches en marketing*, 2ᵉ éd., Paris, Nathan.

* **Felton A.P.** (1959), « Making the marketing concept work », *Harvard Business Review*, 37, 3, 55-65.

* **Fornell C. & Larcker D.** (1981), « Evaluating structural equation models with unobservable variables and measurement error », *Journal of Marketing Research*, 18, 1, 39-50.

** **Fritz W.** (1996), « Market orientation and corporate success : findings from Germany », *European Journal of Marketing*, 30, 8, 59-74.

** **Gabel T.G.** (1995), « Market orientation : theoretical and methodological concerns », *in* Stern B.B. & Zinkhan G.M. (eds.), *Enhancing Knowledge Development in Marketing – Proceedings of the American Marketing Association Summer Educators Conference*, Chicago, 368-375.

** **Gainer B. & Padanyi P.** (2002), « Applying the marketing concept to cultural organisations : an empirical study of the relationship between market orientation and performance », *International Journal of Nonprofit and Voluntary Sector Marketing*, 7, 2, 182-193.

*** **Gatignon H. & Xuereb J.M.** (1997), « Strategic orientation of the firm and new product performance », *Journal of Marketing Research*, 34, 1, 77-90.

** **Gauzente C.** (2000), *L'orientation marché des entreprises – Dimensions stratégiques, culturelles et organisationnelles*, Paris, L'Harmattan.

** Golden B., Doney P.M., Johnson D.M. & Smith J.R. (1995), « The dynamics of a market orientation in transition economies : a study of Russian firms », *Journal of International Marketing*, 3, 1, 29-49.

** Gotteland D. (2002), *L'orientation marché : nouvelles variables médiatrices et modératrices*, thèse de doctorat ès Sciences de Gestion, Université Pierre Mendès-France – École supérieure des affaires.

** Gray B., Matear S., Boshoff C. & Matheson P. (1998), « Developing a better measure of market orientation », *European Journal of Marketing*, 32, 9, 884-903.

** Greenley G.E. (1995 a), « Forms of market orientation in UK companies », *Journal of Management Studies*, 32, 1, 47-66.

** Greenley G.E. (1995 b), « Market orientation and company performance : empirical evidence from UK companies », *British Journal of Management*, 6, 1, 1-13.

** Grewal R. & Tansuhaj P. (2001), « Building organizational capabilities for managing economic crisis : the role of market orientation and strategic flexibility », *Journal of Marketing*, 65, 2, 67-80.

* Hair J.F., Anderson R.E., Tatham R.L. & Black W.C. (1998), *Multivariate Data Analysis*, 5th ed., New Jersey, Prentice Hall.

*** Han J.K., Kim N. & Srivastava R.K. (1998), « Market orientation and organizational performance : is innovation a missing link ? » *Journal of Marketing*, 62, 4, 30-45.

** Harris L.C. (2001), « Market orientation and performance : objective and subjective empirical evidence from UK companies », *Journal of Management Studies*, 38, 1, 17-43.

** Harris L.C. & Ogbonna E. (2001), « Strategic human resource management, market orientation, and organizational performance », *Journal of Business Research*, 51, 2, 157-166.

*** **Homburg C. & Pflesser C.** (2000), « A multiple-layer model of market-oriented organizational culture : measurement issues and performance outcomes », *Journal of Marketing Research,* 37, 4, 449-462.

** **Horng S. & Cheng-Hsui C.** (1998), « Market orientation of small and medium-sized firms in Taïwan », *Journal of Small Business Management,* 36, 3, 79-85.

** **Houston F.S.** (1986), « The marketing concept : what it is and what it is not », *Journal of Marketing,* 50, 2, 81-87.

** **Hurley R.F. & Hult G.T.M.** (1998), « Innovation, market orientation, and organizational learning : an integration and empirical examination », *Journal of Marketing,* 62, 3, 42-54.

*** **Im S. & Workman J.P.** (2004), « Market orientation, creativity, and new product performance in high-technologies firms », *Journal of Marketing,* 68, 2, 114-132.

* **Jauch L.R., Osborn R.N. & Glueck W.F.** (1980), « Short term financial success in large business organizations : the environment-strategy connection », *Strategic Management Journal,* 1, 1, 49-63.

** **Jaworski B.J. & Kohli A.K.** (1993), « Market orientation : antecedents and consequences », *Journal of Marketing,* 57, 3, 53-70.

* **Jöreskog K.G.** (1971), « Statistical analysis of sets of congeneric tests », *Psychometrika,* 36, 109-133.

** **Kahn K.B.** (2001), « Market orientation, interdepartemental integration, and product development performance », *The Journal of Product Innovation Management,* 18, 5, 314-323.

*** **Kohli A.K. & Jaworski B.J.** (1990), « Market orientation : the construct, research propositions, and managerial implications », *Journal of Marketing,* 54, 2, 1-18.

*** **Kohli A.K., Jaworski B.J. & Kumar A.** (1993), « MARKOR : a measure of market orientation », *Journal of Marketing Research,* 30, 4, 467-477.

* **Koschnick W.J.** (1995), *Encyclopaedic dictionary marketing*, München, K.G. Saur.

** **Lafferty B. & Hult G.T.M.** (2001), « A synthesis of contemporary market orientation perspectives », *European Journal of Marketing*, 35, 1, 92-109.

** **Lambin J.-J.** (2002), *Marketing stratégique et opérationnel*, 5ᵉ éd., Paris, Dunod.

** **Langerak F.** (2001), « Effects of market orientation on the behaviours of salespersons and purchasers, channel relationships, and performance of manufacturers », *International Journal of Research in Marketing*, 18, 3, 221-234.

** **Langerak F., Hultink E.J. & Robben H.S.** (2004), « The impact of market orientation, product advantage, and launch proficiency on new product performance and organizational performance », *The Journal of Product Innovation Management*, 21, 2, 79-94.

* **Levitt T.** (1960), « Marketing myopia », *Harvard Business Review*, 38, 4, 45-56.

** **Lichtenthal J.D. & Wilson D.T.** (1992), « Becoming market oriented », *Journal of Business Research*, 24, 2, 191-207.

** **Liu H.** (1995), « Market orientation and firm size : an empirical examination in UK firms », *European Journal of Marketing*, 29, 1, 57-71.

* **March J.G. & Simon H.A.** (1958), *Organizations*, New York, John Wiley & Sons.

*** **Matsuno K. & Mentzer J.T.** (2000), « The effects of strategy type on the market orientation-performance relationship », *Journal of Marketing*, 64, 3, 1-16.

** **Matsuno K., Mentzer J.T. & Ozsomer A.** (2002), « The effects of entrepreneurial proclivity and market orientation on business performance », *Journal of Marketing*, 66, 3, 18-32.

** **Matsuno K., Mentzer J.T. & Rentz J.O.** (2000), « A refinement and validation of the MARKOR scale », *Journal of the Academy of Marketing Science,* 28, 4, 527-539.

* **McCarthy E.J. & Perreault W.D.** (1984), *Basic Marketing,* 8th ed., New-York, McGraw-Hill Company.

* **Miles R.E. & Snow C.C.** (1978), *Organizational Strategy, Structure, and Process,* New York, McGraw-Hill.

* **Miller G.A.** (1956), « The magical number seven, plus or minus two : some limits on our capacity for processing information », *Psychological Review,* 63, 2, 81-97.

* **Mintzberg H.** (1982), *Structure et dynamique des organisations,* Paris, Éditions d'Organisation.

*** **Narver J.C. & Slater S.F.** (1990), « The effect of a market orientation on business profitability », *Journal of Marketing,* 54, 4, 20-35.

* **Noble C.H. & Mokwa M.P.** (1999), « Implementing marketing strategies : developing and testing a managerial theory », *Journal of Marketing,* 63, 4, 57-73.

* **Nunally J.C.** (1967), *Psychometric Theory,* New York, McGraw-Hill Company.

** **Oczkowski E. & Farrell M.A.** (1999), « Discriminating between measurement scales using non-nested tests and two-stage least squares estimators : the case of market orientation », *International Journal of Research in Marketing,* 15, 2, 349-366.

* **Ottum B.D. & Moore W.L.** (1997), « The role of market information in new product success/failure », *The Journal of Product Innovation Management,* 14, 4, 258-273.

** **Payne A.** (1988), « Developing a market-oriented organization », *Business Horizons,* May-June, 46-53.

*** **Pelham A.M. & Wilson D.T.** (1996), « A longitudinal study of the impact of market structure, firm structure, strategy and market orientation culture on dimensions of small-firm performance », *Journal of the Academy of Marketing Science*, 24, 1, 27-43.

** **Pelham A.M.** (1997), « Mediating influences on the relationship between market orientation and profitability in small industrial firms », *Journal of Marketing Theory and Practice*, 5, 3, 55-76.

** **Pelham A.M.** (2000), « Market orientation and other potential influences on performance in small and medium-sized manufacturing firms », *Journal of Small Business Management*, 38, 1, 48-67.

* **Peterson R.** (1994), « Une méta-analyse du coefficient alpha de Cronbach », *Recherche et applications en marketing*, 10, 2, 75-88.

* **Pinder C.C.** (1984), *Work motivation*, Glenview, Scott, Foresman and Company.

** **Pitt L., Caruana A. & Berthon P.R.** (1996), « Market orientation and business performance : some European evidence », *International Marketing Review*, 13, 1, 5-18.

** **Pulendran S., Speed R. & Widing R.E.** (2000), « The antecedents and consequences of market orientation in Australia », *Australian Journal of Management*, 25, 2, 119-144.

* **Quinn J.B.** (1992), « Strategic change : logical incrementalism », *in* Mintzberg H. & Quinn J.B. (eds.) *The Strategy Process : Concepts and Contexts*, Englewood Cliffs, Prentice Hall, 96-104.

** **Raju P.S., Lonial S.C. & Gupta Y.P.** (1995), « Market orientation and performance in the hospital industry », *Journal of Health Care Marketing*, 15, 4, 34-41.

* **Ray D** (2001), *Mesurer et développer la satisfaction clients*, Paris, Éditions d'Organisation.

* **Robinson R. & Pearce J.** (1988), « Planned patterns of strategic behaviour and their relationship to business unit performance », *Strategic Management Journal*, 9, 1, 43-60.

** **Rose G.M. & Shoham A.** (2002), « Export performance and market orientation, establishing an empirical link », *Journal of Business Research,* 55, 3, 217-225.

** **Ruekert R.W.** (1992), « Developing a market orientation : an organizational strategy perspective », *International Journal of Research in Marketing,* 9, 3, 225-245.

** **Sargeant A. & Mohamad M.** (1999), « Business performance in UK hotel sector, does it pay to be market oriented ? » *The Services Industries Journal,* 19, 3, 42-59.

* **Schein E.H.** (1985), *Organizational culture and leadership,* San Francisco, Jossey-Bass.

** **Shapiro B.P.** (1988), « What the Hell is market oriented », *Harvard Business Review,* 66, 6, 119-125.

** **Siguaw J.A., Brown G. & Widing R.E.** (1994), « The influence of the market orientation of the firm on sales force behaviour and attitudes », *Journal of Marketing Research,* 31, 1, 106-116.

** **Siguaw J.A., Simpson P.M. & Baker T.L.** (1998), « Effects of supplier market orientation on distributor market orientation and the channel relationship : the distributor perspective », *Journal of Marketing,* 62, 3, 99-111.

* **Sinkula J.M.** (1994), « Market information processing and organizational learning », *Journal of Marketing,* 58, 1, 35-45.

** **Slater S.F. & Narver J.C.** (1993), « Product-market strategy and performance : an analysis of the Miles and Snow strategy types », *European Journal of Marketing,* 27, 10, 33-51.

** **Slater S.F. & Narver J.C.** (1994), « Does competitive environment moderate the market orientation-performance relationship ? », *Journal of Marketing,* 58, 1, 46-55.

** **Slater S.F. & Narver J.C.** (1995), « Market orientation and the learning organization », *Journal of Marketing,* 59, 3, 63-74.

** **Slater S.F. & Narver J.C.** (1996), « Competitive strategy in the market-focused business », *Journal of Market Focused Management,* 1, 1, 159-174.

** **Slater S.F. & Narver J.C.** (2000), « The positive effect of a market orientation on business profitability : a balanced replication », *Journal of Business Research,* 48, 1, 69-73.

* **Stora B.** (1974), « L'environnement de l'entreprise : vers une théorie de la décision contingente », *Management International Review,* 14, 1, 105-112.

** **Steinman C., Deshpandé R. & Farley J.U.** (2000), « Beyond market orientation : when customers and suppliers disagree », *Journal of the Academy of Marketing Science,* 28, 1, 109-119.

** **Subramanian R. & Gopalakrishna P.** (2001), « The market orientation-performance relationship in the context of a developing economy, an empirical analysis », *Journal of Business Research,* 53, 1, 1-13.

** **Thirkell PC & Dau R.** (1998), « Export performance : success determinants for New Zealand manufacturing exporters », *European Journal of Marketing,* 32, 9, 813-829.

** **Tse A.C.B.** (1998), « Market orientation and performance of large property companies in Hong Kong », *Journal of International Consumer Marketing,* 8, 1, 57-69.

** **Van Bruggen G.H. & Smidts A.** (1995), « The assessment of market orientation : evaluating the measurement instrument as a tool for management » in. Bergadaà (ed.), *Marketing Today and for the 21st century – Proceedings of the Annual Conference of the EMAC,* Cergy-Pontoise, May 16-19, 2037-2043.

** **Van Egeren M. & O'Connor S.** (1998), « Drivers of market orientation and performance in service firms », *Journal of Service Marketing,* 12, 1, 39-58.

*** **Van Raaij E.M.** (2002), *The implementation of a market orientation,* Ph.D. Thesis, University of Twente.

* **Venkatraman N. & Ramanujam V.** (1986), « Measurement of business performance in strategy research : a comparison approach », *Academy of Management Review,* 11, 4, 801-814.

*** **Voss G.B. & Voss Z.G.** (2000), « Strategic orientation and firm performance in an artistic environment », *Journal of Marketing,* 64, 1, 67-83.

** **Webb D., Webster C. & Krepapa A.** (2000), « An exploration of the meaning and outcomes of a customer-defined market orientation », *Journal of Business Research,* 48, 2, 101-112.

** **Webster F.E.** (1988), « The rediscovery of the marketing concept », *Business Horizons,* May-June, 29-39.

* **Wensley R.** (1995), « A critical review of research in marketing », *British Journal of Management,* 6, December, 63-82.

** **Wood V.R., Bhuian S. & Kiecker P.** (2000), « Market orientation and organizational performance in not-for-profit hospitals », *Journal of Business Research,* 48, 3, 213-226.

** **Wren B.M., Souder W.E. & Berkowitz D.** (2000), « Market orientation and new product development in global industrial firms », *Industrial Marketing Management,* 29, 6, 601-611.

** **Zell D.** (1997), *Changing by design : organizational innovation at HP,* Ithaca, New York, Cornell University Press.

www.ingramcontent.com/pod-product-compliance
Lightning Source LLC
Chambersburg PA
CBHW061310220326
41599CB00026B/4819